HIMMLISCH FREI

Mehr Bäume.
Weniger CO_2.
www.cpibooks.de/klimaneutral

MIX
Papier aus verantwortungsvollen Quellen
FSC
www.fsc.org
FSC® C083411

Renata Schmidtkunz:
Himmlisch frei

www.edition-a.at

Cover: JaeHee Lee
Satz: Isabella Starowicz

Gesetzt in der Premiera
Gedruckt in Deutschland

1 2 3 4 5 — 23 22 21 20 19

ISBN 978-3-99001-269-7

RENATA
SCHMIDTKUNZ

HIMMLISCH FREI

WARUM WIR WIEDER MEHR TRANSZENDENZ BRAUCHEN

edition a

Für meine Mutter Marianne Antonie
und meine Tochter Lena Marie Antonie

Inhalt

Die Entvölkerung des Himmels

∞

Wie mir das Thema dieses Buches bewusst wurde

Heutzutage, schreibt der deutsche Philosoph und Kulturwissenschaftler Peter Sloterdijk in seinen unter dem Titel *Neue Zeilen und Tage* erschienenen Notizen, rückt jeder, der lesen und schreiben kann, mit seinem Befund über die kranke »Gesellschaft der Gegenwart« heraus. Die »Gesellschaft« wird so zu dem meist-überdiagnostizierten Patienten. Wäre ich »die Gesellschaft«, ich wüsste nicht, woran zu leiden ich mir aussuchen würde.

Auch ich rücke in diesem Buch mit meinem Befund heraus. Allerdings bezieht er sich nicht auf »die Gesellschaft«, denn unsere Gesellschaften waren bis vor kurzem, sagen wir bis vor zehn oder fünfzehn Jahren, eigentlich ganz in Ordnung. Zumindest an der Oberfläche.

Vielmehr geht es mir um jene, die diese pluralistische, demokratische, soziale und menschliche Gesellschaft angreifen, und vielleicht sogar zerstören wollen. Ihre treibenden Motive sind Herrschsucht und Gier. Ihre Taktiken und Strategien sind Aushöhlung, Spaltung, Lüge, das Überschreiten aller ethischen Grenzen, die Zerstörung von ethischen Vorbildern, die permanente Attacke auf öffentlich-solidarische Institutionen, auf Religionen, auf Kunst und Bildung, Militarisierung und gezielte Verarmung ganzer Bevölkerungsteile.

Was wir dem politisch entgegenhalten können und müssen, darüber schreiben im Moment viele Autorinnen und Autoren. Ich möchte in diesem Buch danach fragen, was uns seelisch bestärken kann, woran wir uns in dieser Zeit der absichtsvollen Vernebelung und Infragestellung aller bisher gültigen humanen Werte halten können und sollen.

Denn irgendwann spürte ich ihn, diesen Bruch mit der Welt, in der ich aufgewachsen war. Natürlich ging dem plötzlichen Verstehen ein langer Prozess von kleinen und größeren Beobachtungen voraus. Dinge, die mich irritierten, mich vielleicht auch verunsicherten oder verängstigten. Ordnungen, die mein Leben eingerahmt und gehalten hatten, zerbröselten langsam, aber merkbar.

Die Erfindung der Alternativlosigkeit

Es begann Ende der 1990er, Anfang der 2000er Jahre. Die – wie mir schien – Selbstverständlichkeiten, auf denen unsere Gesellschaft aufgebaut war, gerieten irgendwie aus dem Gleichgewicht. So zum Beispiel der Sozialstaat, von dem es plötzlich hieß, er sei nicht mehr leistbar. Die Menschen könnten nicht länger in den »sozialen Hängematten« liegen. Leistungsfähig sei nur, wer in ständiger Konkurrenz zu anderen lebe.

Weil ich das nicht glauben wollte und konnte, war ich im Jahr 2001 eine der Mitinitiatorinnen des Volksbegehrens *Sozialstaat Österreich*[1]. Wir befürchteten, dass sich der österreichische Staat in Richtung einer liberalen Armenversorgung entwickeln könnte, die Almosen verteilt, ohne dass ihre Empfänger ein verbrieftes Recht darauf hätten.

Sozialpolitik ist aber nicht nur für sozial Schwache wichtig, sondern auch für die Mittelschicht. Lebensstandard und der soziale Friede hängen von einem gefestigten und funktionierenden Sozialstaat ab. Der wiederum ist eine politische und gesellschaftliche Übereinkunft und Entscheidung.

Wir ahnten damals nicht, wie recht wir mit unseren Befürchtungen hatten. Damals lebten wir noch in der Fülle des Sozialstaates, Denker und Wissenschaftler sahen aber voraus, was kommen würde. Auch sie ahnten allerdings nicht, wie schnell.

Eine andere Attacke zielte auf die Alten. Sie, die immerhin die Welt, in der meine Generation aufwuchs, geschaffen hatten, wurden bezichtigt, den Gesellschaftsvertrag zu sprengen. Mit ihren unbotmäßigen Renten, ein über Jahrzehnte erkämpftes probates Mittel gegen Altersarmut, würden sie den Jungen die Zukunft stehlen, hieß es vermehrt.

Zu diesem fundamental unsolidarischen Angriff gab es auch einen passenden Werbespot der Wiener Städtischen Versicherung. Ein Vater sitzt mit seinem kleinen Sohn im Kaffeehaus. Der Sohn – er ist vielleicht sechs Jahre alt – bekommt ein großes Stück Torte, welches er um keinen Preis mit seinem Vater teilen möchte. Dazu eine sonore Stimme:

Wollen Sie wirklich von der Großzügigkeit
Ihrer Kinder abhängig sein?

Ich erinnere mich lebhaft an die Empörung, die dieser Werbespot bei vielen und auch bei mir auslöste.

Auch die Kirchen, die, trotz aller berechtigten Kritik, gerade in ethischen Fragen eine essenzielle Ordnungsfunktion haben, werden nun zur Zielscheibe von Medien und Politik. In Punkten wie der Unbeweglichkeit der römisch-katholischen Dogmenlehre beim Priesteramt für Frauen, bei Missbrauchsfällen oder der Abtreibungsdebatte, oder bei den politischen Verwerfungen in der Geschichte Europas, wie etwa der Kollaboration der Evangelischen Kirche Österreichs mit dem Nazi-Regime, völlig zu Recht.

Aber, fragte ich mich, muss man das Kind mit dem Bade ausschütten? Stehen die religiösen Traditionen Europas nicht auch ohne jedes Fragezeichen für die Würde des Menschen ein? Erinnern sie uns mit ihrem karitativen und seelsorglichen Engagement nicht auch an die Unantastbarkeit der Menschenrechte und daran, dass jeder Mensch wertvoll ist und ein unbedingtes, nicht hinterfragbares Lebensrecht hat? Etwa wenn es um Euthanasie, Flüchtlingshilfe oder das Engagement für Behinderte, Obdachlose und alleinerziehende Frauen geht?

Die britische Premierministerin Margaret Thatcher sagte im Mai 1980 auf der *Conservative Women's Conference*, der jährlichen Konferenz der *Conservative Women's Organisation*:

> *We have to get our production and earnings in balance. There's no easy popularity in what we are proposing, but it is fundamentally sound. Yet I believe people accept there is no real alternative.* (Wir müssen unsere Ausgaben und Einnahmen ins Gleichgewicht bringen. Das, was wir vorschlagen, wird unpopulär sein, aber es ist ganz grundsätzlich vernünftig. Ich glaube, dass die Menschen akzeptieren werden, dass es keine wirkliche Alternative gibt).

Damit war das sogenannte TINA-Syndrom (*There Is No Alternative*) geboren, und diese seither von vielen Politikerinnen und Politikern gebetsmühlenartig wiederholte »Alternativlosigkeit« sickerte über die Jahre und Jahrzehnte in die Gehirne der Menschen in ganz Europa ein.

Die aufgrund dieser angeblichen Alternativlosigkeit verwirklichten »Reformen« (Rückbau des Sozialstaates, der Bildungssysteme, Liberalisierung der Wohnungsmärkte, Privatisierung von Gesellschaftseigentum, und so weiter) verursachten und verursachen immer wieder große Protestwellen, was aber nichts an dem seit Beginn der 1990er Jahre vollzogenen Umbau unserer europäischen Gesellschaften änderte.

Das Diktat der Effizienz

In dieser Phase tauchte am Horizont des öffentlichen Diskurses auch das Effizienz-Gespenst auf. Evaluierung und Qualitätskontrolle, eigentlich wichtige Werkzeuge eines demokratischen Rechts- und Sozialstaates, mutierten zu Beherrschungsinstrumenten zugunsten der Ökonomie.

Ein zum Teil unbarmherziger Kapitalismus veränderte mit seinem Diktat der »Bezifferung der Welt«[2] unsere westlichen Gesellschaften bis zur Unkenntlichkeit. Westeuropäer, die sich hier »Humanisten« und »von den Gedanken der Aufklärung geprägt« nannten, verdienten im völlig deregulierten und von einer Goldgräberstimmung erfassten Osten Europas mit Privatisierungen Milliarden. Die Osteuropäer, die dem Versprechen der »blühenden Landschaften« geglaubt hatten, sahen sich nicht nur der westlichen

Entwertung ausgesetzt, sondern auch einem brutalen Lebenskampf. Zwangsprostitution und Sklavenwesen waren im Herzen Europas wieder möglich geworden[3].

Kritikerinnen und Kritiker nennen diese neue Art des Effizienzdenkens »Neoliberalismus«. Eines der wichtigsten Merkmale des Neoliberalismus ist ein ausgeprägtes Nutzen- oder Gewinndenken: Was nichts bringt, wird nicht mehr gemacht.

Die Philosophin Hannah Arendt weist 1972 in ihrem Buch *Vita activa oder Vom täglichen Leben* unter Bezugnahme auf Karl Marx darauf hin, dass die Entwertung der Werte einer Gesellschaft damit beginnt, dass man alles zu Werten beziehungsweise zu Waren macht.

Dieses Denken führt dazu, dass etwas, das man nicht in Geld bemessen kann, seine Gültigkeit, mehr noch, seine Existenzberechtigung und Wertschätzung in der Gesellschaft verliert. So zum Beispiel alle menschlichen Eigenschaften, oder, um dieses altmodische Wort zu verwenden, Tugenden, die sich in selbstlosem Tun anderen oder der Gesellschaft gegenüber ausdrücken.

Doch das, was uns zu menschlichen Menschen macht, lässt sich nicht in Geld bemessen. Gastfreundschaft, Hilfsbereitschaft, Aufmerksamkeit, Liebe, Fürsorge, jemanden etwas lehren, das Nachdenken, Solidarität und Mitgefühl, Barmherzigkeit und Freude, um nur einige Beispiele zu nennen, sind im Denksystem des Neoliberalismus wertlos. Denn niemand kann sich den Ertrag von Menschlichkeit auf sein Privatkonto verbuchen. Jene, die gerne alles, außer das von ihnen verursachte Elend, privatisieren würden, bestimmen heute den öffentlichen Diskurs.

Wie kann ein lebendiges Lebewesen an diese uns täglich präsentierte Alternativlosigkeit glauben, begann ich mich zu fragen. Wir sehen jeden Tag an uns selbst, an anderen Menschen und allem, was uns umgibt, dass es immer Alternativen gibt. Man kann sich immer entscheiden, für das eine oder das andere. Leben bedeutet geradezu, Alternativen abzuwägen und Entscheidungen zu treffen. Dazu gibt es dann noch so vieles, worüber wir keine Macht haben, und womit wir trotzdem umgehen müssen. Wie können Menschen, die wir wählen und die in unserem Namen verantwortlich handeln sollten, also von Alternativlosigkeit sprechen? In wessen Sold stehen sie, wessen Agenda verfolgen und wem nützen sie? Und was ist ihnen entgegenzustellen?

Die Folgen des Religionsverlustes

Diese Frage führte mich zum Thema des Buches, das Sie in Händen halten.

Ich bin in einem evangelischen Pfarrhaus aufgewachsen. Mein Vater und meine Mutter betrachteten ihren Beruf mehr als Berufung und ordneten daher auch unser Familienleben dieser Aufgabe unter. Eines der Grundprinzipien, die ich in diesem Elternhaus lernte, war, dass wir als Menschen Verantwortung zu übernehmen und uns für eine bessere Welt einzusetzen haben. Eine bessere Welt war für uns eine Welt der Gerechtigkeit, der Liebe, des Friedens und der Bewahrung der Schöpfung, um es plakativ zu formulieren.

Das Fundament dieser Überzeugungen meiner Eltern bildete der Glauben an einen Gott der Liebe, der die Welt geschaffen und den Menschen geschöpft hat. Leben hieß und heißt in der Welt meiner Eltern, in der Welt des Protestantismus, in der ich aufgewachsen bin, aktiv an einer besseren Welt mitzuwirken und sich gegebenenfalls zu diesem Zwecke auch politisch zu engagieren.

Mit dieser Mitgift begann ich 1983 ein Studium der Evangelischen Theologie an der Universität Wien. Ein Auslandsjahr am *Centre universitaire protestant* in Montpellier trug nicht nur zur Verbesserung meiner Französischkenntnisse bei, sondern brachte mir auch Geschichte und Gegenwart des französischen Protestantismus näher. Er war gekennzeichnet von blutigen Verfolgungen und dem Widerstand gegen jede Art von ungerecht handelnder Obrigkeit.

In diesem Studium der Theologie lernte ich, strukturell zu denken und eine der zentralen Fragen kritischen Denkens zu stellen: »*Cui bono?*« Auf Deutsch: »Wem zum Vorteil?« Das verdanke ich zuallererst meiner Wiener Professorin Dr.in Susanne Heine, die mich förmlich anstachelte, kritische Fragen zu stellen und selbst zu denken.

Außerdem lernte ich, dass der Mensch fähig ist, über sich selbst hinaus zu denken und zu hoffen, dass er Ideen und

Ideologien erdenken kann, dass manche »Wahrheiten« den Moden der Zeit geschuldet sind und sich die Fragen der Menschheit trotz aller Erkenntnisse und Erfindungen wenig ändern: Woher kommen wir? Wohin gehen wir? Warum gibt es Leiden? Was ist gut? Was ist böse? Warum müssen wir sterben?

Dass ich trotz meiner elterlichen Vorbilder nicht Pfarrerin werden wollte, war mir schnell klar. Zu lange hatte ich im Glashaus gesessen, denn Pfarrersfamilien wurden vor vierzig Jahren von den Gemeinden noch als öffentliches Gut betrachtet und genau beobachtet.

Durch Zufall, aber dann dafür mit umso größerer Leidenschaft, wurde ich Religionsjournalistin. Zwar würde ich mich selbst heute nicht mehr als religiös im traditionellen Sinn bezeichnen und schon gar nicht bin ich missionarisch motiviert, die Welt der Religionen ist aber wegen ihrer Vielfalt und philosophisch-theologischen Buntheit nach wie vor mein Steckenpferd, vielleicht sogar meine Leidenschaft. Denn ohne ein Wissen über Geschichte und Gegenwart der Religionen ist unsere Welt kaum zu verstehen.

Die Ideen- und Geistesgeschichte der vergangenen Jahrhunderte hat dazu geführt, dass die europäischen Gesellschaften sich mehr und mehr von den Kirchen, die mindestens bis in die 1980er Jahre auch über viel gesellschaftliche Macht verfügt haben, distanzierten. Ethische und moralische Grundsätze werden nicht mehr nur religiös, sondern überwiegend humanistisch begründet.

Den Religionsverlust, der sich auch in schwindenden Mitgliedszahlen, vor allem, aber nicht nur, in den protestantischen Ländern Europas zeigt, empfinden aber viele Menschen auch als persönlichen Verlust und Kränkung, weil sie Sehnsucht nach Religiosität haben und sie als menschliches Grundbedürfnis erleben.

Angefeuert durch die »*There is no alternative*«-Rufe der Politik macht sich in unserem transzendenzlosen Alltag Orientierungslosigkeit und Verzagtheit breit.

Der gebeugte Konsument

2010 drehte ich in Budapest einen Film für den europäischen Kultursender *3sat*. *Zwischen Humor und Verzweiflung. Ungarns Weg durch die Krise* lautete der Titel. Ich hatte mir vorgenommen, nach der Wiederwahl Viktor Orbáns und dem sofort einsetzenden Umbau der ungarischen Gesellschaft, Künstlerinnen und Künstler, Intellektuelle und Wissenschaftler danach zu fragen, wie sie mit den Veränderungen umgehen und wie jene sich auf Kunst, Politik und Gesellschaft auswirken.

So kam ich unter anderem in die Kunsthalle am Platz der Helden im Zentrum Budapests. Man zeigte die Ausstellung *Over the Counter* (Über den Ladentisch)[4]. Künstlerinnen und Künstler aus vielen Ländern des ehemaligen sogenannten Ostblocks stellten aus. Sie thematisierten die völlige Ökonomisierung der osteuropäischen Gesellschaften. Und auch

21 Jahre nach der sogenannten Wende schienen sie noch unter Schock zu stehen, war es ihnen offensichtlich noch nicht gelungen, sich im neuen System zu beheimaten.

Ein Kunstwerk blieb mir besonders in Erinnerung: Auf einer weißen Wand waren mit einer einfachen schwarzen Linie zwei menschliche Figuren gemalt. Eine stand aufrecht und hielt, offensichtlich demonstrierend, ein Schild hoch. Darunter war geschrieben: »*Citoyen*« (»Bürger«). Aber das Wort war durchgestrichen. Daneben stand eine zweite Figur, gebeugt, mit hängenden Armen, links und rechts mit schweren Einkaufstüten behängt. Darunter stand das Wort: »*Consumer*« (»Konsument«).

Mit wenigen Strichen hatte es diese Grafik geschafft, zu zeigen, wie die ökonomischen Veränderungen auch die politischen Strukturen und die Rolle des Individuums in ihnen verändert haben. Aus dem Bürger, der Bürgerin wurde der Konsument, die Konsumentin. Zu konsumieren ist seine und ihre Lebensaufgabe und die einzig zulässige Rechtfertigung seines, ihres Daseins.

»Wir haben eine Gesellschaft, in der es kein Vertrauen gibt und keine Idee vom Gemeinwohl, keinen Glauben an Freiheit und Gerechtigkeit. Die Tradition ist zerstückelt, die Zukunft existiert nicht. Also, was wollen wir?«, sagte mir der rumänisch-ungarische Philosoph Gáspár Miklós Tamás, Mitinitiator der »Runden Tische« während und nach der Wende in Ungarn, damals im Interview.

Mit den Füßen auf der Erde und dem Kopf im Himmel

Ja, was wollen wir?

Der Himmel ist leergeräumt, die Gottheiten haben ausgedient. Und wenn nicht, sind sie Konsumgüter im Supermarkt möglicher Weltanschauungen und Religionen. In seinem Buch *Nach Gott* schreibt Peter Sloterdijk, dass in der klassischen Antike die Götter unsterblich waren und die Menschen als irdischer Widerpart der Götter den Namen »die Sterblichen« trugen. Aber längst ist uns klar geworden, dass der am Ende des 19. Jahrhunderts diagnostizierte »Tod Gottes« wirklich stattgefunden hat. Und dieser Tod hat nicht zuletzt mit unseren ökonomischen und technologisch-wissenschaftlichen Erkenntnissen und Rahmenbedingungen zu tun. Was für das einzelne Individuum die Sterblichkeit ist, ist für Zivilisationen und deren Gottheiten ihre Geschichtlichkeit. Beide haben immer auch ein Ablaufdatum.

Die Tatsache, dass die Moderne eine über uns thronende, uns belohnende und bestrafende Allmacht abschaffte, macht im Umkehrschluss den Menschen zum allmächtigen Wesen. Der Mensch als allmächtiger Schöpfer und Zerstörer tut der Menschheit aber nicht gut. Wir sehen es jeden Tag. Ein Blick in die Medien genügt.

Transzendenz zu denken, sich darin zu üben, davon auszugehen, dass es einen Bereich gibt, der jenseits unseres

Verstehens und unseres Einflusses ist, bedeutet neben vielem anderen auch, Distanz zum Weltgeschehen zu bekommen. Es ist eine Distanz, die befreien kann von jenen Trieben, die unsere Welt und die Menschheit im Moment zu zerstören drohen. Es ist eine Distanz, die befreien kann von dem Wunsch, alles alleine zu besitzen, dem Wunsch, die Welt und was auf ihr wächst und existiert, nicht teilen zu wollen.

Wenn gläubige Menschen in allen Religionen der Welt zum Beispiel sagen, wir seien nur zu Gast auf diesem Planeten, er sei uns nur zur pfleglichen Verwendung anvertraut worden, wenn also ein transzendenter Besitzer zwischen uns und unsere Erde gestellt wird, werden wir mit dieser Erde vielleicht besser umgehen, als wir es im Moment tun.

Wenn das Fremdenrecht ein Gebot einer göttlichen Allmächtigkeit ist, werden wir Menschen, die aus welchen Gründen auch immer und mit friedlichen Absichten oder gar aus Not zu uns kommen, wahrscheinlich freundlicher aufnehmen, als wenn wir davon ausgehen, dass das Land, in das wir durch Zufall hineingeboren wurden, das durch Zufall keinen Krieg und keine Hungersnot zu leiden hat, uns gehört. Und zwar nur uns.

Woher werden wir jetzt und in Zukunft die Ideen, die Utopien, die Kraft und den Mut nehmen, uns den sich weltweit zuspitzenden Problemen von Klimawandel, Rassismus und letztlich der Zerstörung des Planeten entgegenzustellen? Und wie kann es uns gelingen, trotz der technologischen Entwicklungen, trotz Digitalisierung und künstlicher Intelligenz, das Wohl der real existierenden Menschen nicht aus den Augen zu verlieren? Wie begründen wir unser individuelles und kollektives Tun, wenn es keinen Gott im Himmel gibt, dessen Gebote uns im humanen Zaum halten?

Zu denken, dass es jenseits unserer materiellen Wirklichkeit einen offenen Raum gibt, einen Raum der Freiheit, erweitert unsere Wahrnehmung von uns selbst, der Gemeinschaft und der Welt, in der wir leben. Im schönsten Fall wird diese Vorstellung uns dabei helfen, entsprechend unserer Überzeugungen frei und selbstbestimmt zu leben. Das Wissen um die Unendlichkeit von Zeit und Raum, die in vielen Religionen der Welt »Gott« oder »das Sein« genannt wird, kann das Denken beflügeln und zu innerer Freiheit und Selbstbestimmtheit führen.

Vielleicht ist es auch so: Wenn wir nicht mit den Füßen auf der Erde und dem Kopf im Himmel durch das Leben gehen, werden wir grau und mutlos, und unsere Seelen werden verkümmern.

In diesem Sinne verwende ich im vorliegenden Buch das Wort Transzendenz. Zunächst kommt es von dem lateinischen Wort *transcendere* und meint einfach »etwas überschreiten«. Die Bewegung des menschlichen Geistes im Denken beschreibt man auch als einen Prozess des Transzendierens. Im Denken an oder über etwas, das die vorfindliche Wirklichkeit übersteigt (zum Beispiel in einer

Sklavengesellschaft an die Freiheit aller Menschen zu glauben und dafür zu kämpfen), ist also ein Prozess des Überschreitens, auch des Weiterschreitens. Denn was gedacht ist, kann so auch Wirklichkeit werden.

Die Tatsache, dass ich als Frau heute ein selbstbestimmtes, freies Leben führen kann, verdanke ich Generationen von Frauen und auch Männern, die dafür gekämpft haben. Sie glaubten wider den Zeitgeist an die Gleichwertigkeit der Geschlechter. Außerdem lehnten sie eine Rechtsordnung ab, die Unrecht zu Recht machte.

In Geschichte und Gegenwart gab und gibt es Menschen, die von der Idee der denkerischen Freiheit und dem daraus entstehenden Bedürfnis nach einem autonomen Leben so begeistert und überzeugt waren, dass sie auch bereit waren, dafür einen hohen Preis zu zahlen. Von solchen Menschen wird in diesem Buch die Rede sein. Auch von Begegnungen mit Menschen, die mich beeindruckten und inspirierten und manchmal auch ein Grund waren, Dinge in meinem Leben zu ändern.

Aber es wird auch um die Frage gehen, was es heißt, frei und selbstbestimmt leben zu wollen und wie wir das in Gemeinschaft mit anderen tun können. Wozu brauchen Menschen heute noch Religion, oder geht es uns ohne Religion vielleicht doch besser? Was treibt uns an, Gutes zu tun, und was ist gut?

Was Sie erwartet, ist keine theologische oder religionsphilosophische Abhandlung, obwohl ich manchmal in diese Gefilde reisen werde, um Zusammenhänge zu erklären. Ich schreibe dieses Buch als Beobachterin, als Journalistin mit Steckenpferd. Ich schreibe es auch, weil ich in den vergangenen zwanzig Jahren in Interviews mit außergewöhnlichen Menschen zu außergewöhnlichen Fragestellungen für die Hörfunk-Sendereihe *Im Gespräch* (*Radio Österreich 1*), sowie in Gesprächen mit Freundinnen und Freunden immer wieder feststellte, dass sich die Fragen nach dem Woher und Wohin, nach Gerechtigkeit und dem guten Leben für alle häufen. Und weil ich glaube, gemerkt zu haben, dass ich nicht die einzige bin, die Ordnung in ihr areligiös-rational-emotional-politisches Denksystem bringen muss.

Der Zauber der Welt

∞

Was Transzendenz ist und was sie kann

Die zentrale These dieses Buches lautet also, dass uns Transzendenz in einer ihr feindlichen, von kapitalistischem Effizienzdenken geprägten Gesellschaftsordnung abhanden gekommen ist, und dass wir wieder mehr davon brauchen, um frei und selbstbestimmt ein gutes Leben führen zu können. *Doch was ist das eigentlich, Transzendenz?*

Eine 85-jährige Freundin aus Kärnten, Liesl Wirnsberger, die in ihrem beruflichen Leben Landwirtin, Wein- und Bergbäuerin war und eine Kennerin der Natur, der Kräuter und ihrer Heilkräfte ist, nicht religiös, sehr belesen und welterfahren ist, und die über einen bestechenden Humor verfügt, antwortete, als ich ihr diese Frage stellte: »Weißt du, ich fühle es, aber ich kann es nicht ausdrücken.« Dieser Satz ließ mich innehalten. Warum, fragte ich mich, kann eine so kluge Frau wie Liesl das nicht ausdrücken?

Nach der Definition des deutschen Philosophen Ernst Tugendhat, Autor des 2007 erschienenen Buches *Anthropologie statt Metaphysik*, ist Transzendenz das »Übernatürliche«, das, was »jenseits der raumzeitlichen Welt« ist. Raum und Zeit sind aber die wichtigsten Wahrnehmungskriterien des Menschen. Wir nehmen unsere Wirklichkeit durch Raum und Zeit wahr, unser ganzer Alltag besteht daraus, wir denken in Raum und Zeit. Dass die Transzendenz jenseits davon liegt, macht es uns schwer, sie zu erfassen. Sie entspricht nicht unseren täglichen Erfahrungen.

Ich beschloss, mehr Menschen nach ihrem ganz persönlichen Verständnis von Transzendenz zu befragen, darunter einige meiner Interviewpartnerinnen und -partner aus meiner Radioreihe *Im Gespräch*. Einige wirkten überrascht und hatten unerwartet viel Mühe, Transzendenz zu beschreiben. Viele sagten: »Ich glaube nicht an Gott!« oder »Mit der Kirche will ich nichts zu tun haben.«

Wenn ich einwandte, es gehe mir nicht um Gott, die Kirchen oder spezifische Religionen, waren manche erst recht überrascht. Doch von einigen Menschen bekam ich Rückmeldungen, die mich bei der Arbeit an diesem Buch inspirierten.

»Transzendenz ist das Instrument und das Ziel auf dem Weg der Entwicklung«

Angelika Hagen, Musikerin und Coach, schrieb mir:

> *Transzendenz ist für mich eine Art der erweiterten, vertieften Wahrnehmung, die grundsätzlich allen Menschen zur Verfügung stehen würde. Sie ist ein Instrument und das Ziel auf dem Weg der Entwicklung zu sich selbst und der All-Verbundenheit mit dem großen Ganzen. Wichtige Elemente sind dabei unter anderem Musik, Malerei, Poesie, Tanz und ähnliche Ausdrucksformen, Natur, Achtsamkeitspraxis, Dialogkultur.*

Hagen assoziiert Transzendenz also nicht mit dem Gott einer bestimmten religiösen Tradition, sondern versteht den Begriff als eine Art des Lebens, der Haltung zum Leben. In diesem Leben geht es um die Entwicklung des Menschen »zu sich selbst«. Das heißt, Sensitivität und Aufmerksamkeit sind ein Weg des Lernens, um sich als Mensch zu vervollkommnen. Es erscheint mir naheliegend, dass eine Künstlerin wie sie die Kunst als Weg zur Transzendenz versteht.

»Transzendenz ist das Suchen und Erfassen von dem, was sich feinstofflich um uns herum abspielt«

Einen im Vergleich zu Hagen ganz anderen Weg, sich dem Begriff zu nähern, beschreibt die Schriftstellerin und Journalistin Ljuba Arnautovic, Autorin des 2018 erschienenen Romans *Im Verborgenen*. Sie antwortete so:

> *In den 1970er Jahren ging es mir um Bewusstseinserweiterung, herbeigeführt durch Hilfsmittel wie Drogen, Musik, Tanz, Meditation. Dann wurde daraus ein Suchen und Erfassen von etwas, das sich feinstofflich um uns herum abspielt, dieses »Mehr zwischen Himmel und Erde«.*

Ljuba Arnautovic ist ein Kind der Flower-Power-Bewegung, die Bewusstseinserweiterung auch als politischen Akt verstand. Die 1970er Jahre, in denen sie ihre jungen Erwachsenenjahre intensiv erlebte, waren die Zeit des Ausprobierens von Liebes- und Lebensformen, starkem politisch-feministischem Engagement und intensiven Körpererfahrungen.

Von der Erweiterung des Bewusstseins durch psychogene Substanzen erwartete man damals, vor allem unter dem Eindruck des Vietnamkrieges, der US-amerikanischen Bürgerrechtsbewegung und der sich ausbreitenden industriellen und konsumistischen Moderne, auch eine politische Veränderung: erhöhtes transzendentes Bewusstsein versus brutale Imperialpolitik. Dann, schreibt Arnautovic, wurde daraus ein Suchen nach dem, was zwischen Himmel und Erde ist, womit sie auch zeigt, dass sich unsere Vorstellungen über das Transzendente mit den Jahren verändern, genau wie alle anderen Vorstellungen, die wir uns von den Dingen des Lebens machen.

»Transzendenz ist die Voraussetzung dafür, dass der Mensch zwischen Gut und Böse unterscheiden kann«

Die tschechische Soziologin Alena Wagnerová schrieb mir:

> *Ich denke, der Mensch braucht einen Bezug zu etwas, das außerhalb seiner sinnlichen, weltlichen Erfahrung liegt. Dieser Bezug macht den Menschen zum Menschen, sowohl individuell als auch ganz allgemein. Transzendenz ist unabdingbar, wenn wir die Welt und uns selbst nicht nur auf die rationale Erkenntnis reduzieren wollen. Sie ist auch die Voraussetzung dafür, dass der Mensch zwischen Gut und Böse unterscheiden kann.*

Wagnerová spricht damit etwas an, das mir besonders viel bedeutet: dass uns ein Bewusstsein für Transzendenz hilft, unsere Fähigkeiten, die Welt wahrzunehmen, zu schulen.

»Transzendenz macht uns klar, dass wir begrenzt sind«

Eine Frau, die vom Fach ist, die evangelische Theologin und Bischöfin Margot Käßmann, beantwortete meine Frage mit diesen Worten:

> *Transzendenz ist mir wichtig, weil so klar wird, dass wir begrenzt sind in dem, was wir sehen, erkennen, beurteilen können. Gott ist mehr und größer als unsere Wahrnehmung. Das finde ich persönlich auch entlastend: Ich werde nicht die ganze Welt verändern, aber ich darf an meinem Ort, hier und jetzt, Verantwortung übernehmen für ein größeres Ganzes, für die Visionen von Frieden und Gerechtigkeit, wie sie die Bibel in den Propheten oder auch den Gleichnissen Jesu vermittelt.*

Transzendenz schafft Distanz, meint Käßmann. Man kann klarer sehen, wo die Grenzen der Vernunft liegen und wo ein Bereich beginnt, in dem wir uns nur hingeben können. Die menschliche Allmächtigkeit, die Käßmann als belastend empfindet, schwindet bei diesem Gedanken dahin.

Auch das Urteil, die Be-Urteilung, übrigens ein wichtiges Instrument einer auf Konkurrenz und Wohlverhalten ausgerichteten Gesellschaft, verliert so seine Herrschaftsmacht. Denn gemessen an Gott, an Transzendenz, ist jedes Urteil über andere und sich selbst eine Anmaßung. Das Urteil, das einen Menschen immer auf etwas festlegt und ihm abspricht, sich jederzeit auch ändern zu können, wird so zum Gegenteil der Unendlichkeit, zum Gegenteil der unbegrenzten Möglichkeiten des Seins.

»Transzendenz ist das Verlassen der Realität«

Die Künstlerin Lore Heuermann, die viele Jahre auf Reisen, nicht nur im Fernen Osten, verbrachte und sich in ihrer Kunst mit dem menschlichen Körper im Raum, in Bewegung, beschäftigt, formulierte so:

> *Für mich ist Transzendenz das Verlassen der Realität. Für einen Moment ist dann die Glaswand, die zwischen mir und der Unendlichkeit liegt, verschwunden. Allerdings bin ich nicht sicher, ob ich die Realität verlassen möchte.*

Der Ursprung der Kunst ist der Kultus, sie bezog sich ursprünglich auf das Leben und den Tod und das Leben nach dem Tod. Der Moment des künstlerischen Schaffens ist nicht nur für Heuermann ein Akt der Selbsttranszendierung. Besonders deutlich wird das in der bis heute gepflegten Tradition der Ikonen-Malerei der griechisch-orthodoxen Mönche. Sie verbindet den schöpferischen Akt mit Meditation. Die Herstellung und auch die Betrachtung des Bildes aktivieren die sinnlichen Kräfte. Der deutsch-schweizerische Schriftsteller Alfons Rosenberg (1902-1985), der vorwiegend über Mystik, Symbolforschung und Astrologie publizierte, schrieb in seinem Buch *Christliche Bildmeditation*:

> *Das Meditationsbild (...) vermag durch die Aktivierung der Einbildungskraft auf jenes geistige Zentrum im Menschen zu wirken, das einer tieferen Schicht der menschlichen Innerlichkeit angehört als Gefühl und Reflexion. (...) Das Auge wird zum Organ des Herzens, zum Herzensauge, vorurteilslos und hingegeben geöffnet.*

Die Künstlerin Heuermann ist nicht religiös. Um künstlerisch schaffen zu können, will sie dennoch die Realität verlassen und sich in den Bereich des Unverfügbaren begeben. Sie schrieb mir weiter:

> *Kunstwerke entstehen aus der menschlichen Fähigkeit, zu denken, nachzudenken. Aus einer körperlichen Anspannung, aus einer Gereiztheit, aus einer Anspannung der Sinne, des Denkens. In ihnen werden Dinge sichtbar, die nicht da sind und doch da sind. Sie reichen von der Transzendenz in die Immanenz herüber, sie reichen in die Welt zurück.*

Heuermann formuliert implizit die Frage, was sich in diesem Bereich außerhalb der Realität befinden kann. Ist das, was wir dort erleben und erfahren, nur Gutes und Schönes oder auch Dunkles und Unangenehmes? Hat auch das Unbewusste seinen Platz in der Transzendenz?

»Transzendenz ist das Durchscheinen des schöpferischen Ganzen durch die individuelle Erfahrung«

Der in Berlin lebende Biologe, Biosemiotiker, Philosoph und Publizist Andreas Weber[5] schrieb mir:

> *Unter Transzendenz verstehe ich das Durchscheinen des schöpferischen Ganzen durch die individuelle Erfahrung und den individuellen Ausdruck: das »endliche Unendliche«, wie (der deutsche Philosoph Friedrich Wilhelm Joseph, Anm.) Schelling es nennt. Oder in meinen eigenen Worten: »Den jüngsten Tau auf den ältesten Dingen, das Innerliche als Außenseite.«*

Weber steht in der Tradition des Philosophen Jakob Johann von Uexküll[6] und der chilenischen Biologen Humberto Maturana und Francisco Varela[7] und gilt als Vertreter der neuen Naturphilosophie. Seine Bücher sind ein Plädoyer für eine Überwindung der mechanistischen Interpretation von Lebensphänomenen. Leben ist für Weber kontinuierliche Selbsterschaffung, Natur und Mensch vernetzen sich in diesem Prozess, Lebendigkeit ist das Wesen des Seins. Das mechanistische Weltbild hingegen ist für Uexküll und in der Folge auch für Weber zur Beschreibung dessen, was Sein und Leben ausmacht, unbrauchbar. Wir treten demnach in der Transzendenz einen Schritt zurück, schauen auf die Welt und alles, was uns umgibt, mit anderen Augen und erkennen so, dass alles zusammenhängt, ein Ganzes bildet.

Auf wissenschaftlicher Ebene hat das der große deutsche Gelehrte Alexander von Humboldt getan: Er bereiste zu Beginn des 19. Jahrhunderts in mehrjährigen Forschungsreisen Lateinamerika, die USA und Zentralasien. Seine Disziplinen, die ihm halfen, die Welt zu vermessen[8], waren Physik, Chemie, Geologie, Mineralogie, Vulkanologie, Botanik, Vegetationsgeographie, Zoologie, Klimatologie, Ozeanographie und Astronomie, außerdem die Wirtschaftsgeographie, die Ethnologie und die Demographie.

Und was war das Ergebnis seines komplexen, vernetzten Denkens und Forschens? Die Erkenntnis, dass den Globus ein Netz umhüllt, in dem alle Bestandteile miteinander korrespondieren[9]. Eine Gesamtschau dieser wissenschaftlichen Welterforschung erschien zwischen 1845 und 1862 in fünf Bänden unter dem Titel *Kosmos* und machte Humboldt weltberühmt. Inspiriert von Goethe schreibt er darin:

> *Die Natur ist für die denkende Betrachtung Einheit in der Vielheit, Verbindung des Mannigfaltigen in Form und Mischung, Inbegriff der Naturdinge und Naturkräfte, als ein lebendiges Ganzes. Das wichtigste Resultat des sinnigen physischen Forschens ist daher dieses: in der Mannigfaltigkeit die Einheit zu erkennen, von dem Individuellen alles zu umfassen, was die Entdeckungen der letzteren Zeitalter uns darbieten (...) der erhabenen Bestimmung des Menschen*

eingedenk, den Geist der Natur zu ergreifen, welcher unter der Decke der Erscheinungen verhüllt liegt. Auf diesem Wege reicht unser Bestreben über die enge Sinnenwelt hinaus, und es kann uns gelingen, die Natur begreifend, den rohen Stoff empirischer Anschauung gleichsam durch Ideen zu beherrschen.

Alexander von Humboldt war zu seinen Lebzeiten übrigens ein wissenschaftlicher Superstar. Als er 1859 starb, zog ein eineinhalb Kilometer langer Trauerzug durch die Straßen von Berlin und in allen Metropolen der Welt trauerten Menschen mit.

»Transzendenz ist das, worüber wir nicht verfügen können«

Die ungarische Philosophin Ágnes Heller, deren jüngstes Buch den Titel *Von der Utopie zur Dystopie: Was können wir uns wünschen?* trägt, zitierte bei ihrer Erklärung von Transzendenz den deutschen Philosophen Immanuel Kant.

Wir erfahren das Empirische und denken das Transzendentale, das wir nicht erfahren können.

Wie, musste ich mich für dieses Buch fragen, lässt sich über etwas denken, schreiben oder sprechen, das unserer Erfahrungswelt nicht angehört?

Die Rolle der Religionen bei der Beantwortung dieser Frage ist schwierig, so viel war mir klar. Viele Menschen verstehen deren Geschichte als eine von Gewalt und Unterdrückung dominierte, und ihre Vorbehalte sind berechtigt. Auf dem Weg zur Freiheit und Humanität, zu Erkenntnissen und neuen Wegen des Denkens und Handelns, ist auch geschichtlicher Ballast aufzuarbeiten.

Doch in den unterschiedlichen Religionen verbirgt sich, ebenso wie in den Philosophien und in den Erkenntnissen der naturwissenschaftlichen Forschung, ein Wissen, das wir sowohl als Individuen als auch als Menschheit dringend brauchen. Dieses Wissen ermöglicht es uns, Grenzen zu überschreiten und das Fremde und Neue anzuerkennen.

Das Andere der Vernunft

Transzendenz ist ein Freiheitsraum, so viel war klar. Weil in unserer transzendenten Wahrnehmung das »Andere der Vernunft«, wie es der Lehrer, Philosoph und Autor Kurt Wuchterl nennt, aufscheint. Weil in unserer denkerischen Selbstübersteigung Nähe zu diesem »Anderen« möglich ist.

Gläubige Menschen, egal ob sie Anhänger einer monotheistischen Weltreligion oder anderer Religionen sind, würden sagen: Gott (als Chiffre für das Transzendente, das Unverfügbare) ist nichts unmöglich. Oder anders: Bei Gott ist alles möglich. In der Unendlichkeit ist alles möglich. Alles ist überall möglich. Das ist die Lebendigkeit des Lebens.

Transzendenz ist das Überschreiten einer Grenze

Wenn *transcendere* im lateinischen Wortsinn »etwas überschreiten« bedeutet, auch das war mir klar, musste es bei Transzendenz immer auch um eine Grenze gehen. Sie verläuft zwischen dem Verfügbaren und dem Unverfügbaren, zwischen dem Irdischen und dem Himmlischen.

Grenzen hatten schon immer eine tiefe Bedeutung für uns Menschen. So spielen in fast allen Mythen alter Religionen Flüsse eine Rolle. Sie trennten als natürliche Grenzen Landschaften und Stammesgebiete voneinander, waren schon immer eine tägliche Erfahrung von Menschen und prägten deshalb auch ihre religiösen Vorstellungen.

Der Eridanus etwa, von den Ägyptern auch als »Strom des Lebens« bezeichnet, bildete die Grenze zwischen dem Diesseits und dem »Duat«, dem Reich der Toten. Der ägyptische Totengott Anubis geleitete die Verstorbenen bei ihrer Jenseitsfahrt über diesen Fluss.

In der griechischen Mythologie trennt der Todesfluss Styx, das »Wasser des Grauens«, die Ober- von der Unterwelt. Er ist ein beliebtes Motiv in der Literatur, von Dante Alighieri bis Else Lasker-Schüller und Thomas Mann[10].

Ohne Grenzen wäre alles ein Tohuwabohu, wie es in der Schöpfungsgeschichte der hebräischen Bibel heißt, ein großes Durcheinander, ein Chaos[11]. Erst Grenzen ermöglichen es uns, unsere Identität zu formen, uns und das andere voneinander zu unterscheiden. Und nur, wenn wir uns vom anderen unterscheiden können, erlangen wir auch Autonomie.

Wir kämen ohne Grenzen zu keiner Wahrnehmung und zu keinem Urteil und damit zu keiner Ethik des Zusammenlebens. Ein einfaches Bild hilft, das zu verstehen: Finden Sie die Karotte im Gemüsebrei. Beschreiben Sie dieses Gemüse angesichts des Breis. Oder ist gar keine darin? Schwer zu sagen.

Hannah Arendt, eine der bedeutendsten unter den Denkerinnen und Denkern des 20. Jahrhunderts, schrieb über die Funktion der Grenze zwischen Immanenz und Transzendenz, zwischen dem Irdischen und dem Himmlischen, 1946 einen Aufsatz mit dem Titel *Was ist Existenzphilosophie?*. Sie kam zu dem Schluss, dass der Mensch immer versuchen wird, über die Wirklichkeit hinaus die Transzendenz zu denken, und immer wieder daran scheitern wird.

Dennoch erfülle das Nachdenken über diese Grenzen der Wirklichkeit, das »denkende Transzendieren«, wie Arendt es nennt, einen Sinn. Denn damit stecke der Mensch die Freiheit seiner Existenz ab, und zwar immer in der Kommunikation mit anderen Menschen. Denn Grenzen werden uns von der Gemeinschaft und den Menschen, mit denen wir leben, gesteckt.

Platons Grenze zwischen Himmel und Erde

Die Idee der zwei durch eine Grenze getrennten Bereiche, des irdisch-materiellen und des überirdisch-spirituellen Bereiches, formulierte der griechische Philosoph Platon bereits im vierten Jahrhundert vor unserer Zeitrechnung in seiner Schrift *Politeia* (Der Staat).

Politeia behandelt die Frage, was Gerechtigkeit ist und wie sie in einem idealen Staat verwirklicht werden kann. Man kann die Schrift also als ein ausgearbeitetes Konzept einer politischen Philosophie begreifen.

Im siebenten Buch von *Politeia* lässt Platon seinen Lehrer Sokrates über den Sinn und die Notwendigkeit von Bildung reden. Nur durch Bildung können die unfreien Menschen diese Grenze überschreiten und von der Dunkelheit des Vergänglichen zur Helle des vollkommenen Seienden, des Unvergänglichen, kommen und so befreit werden. Der Sinn der menschlichen Existenz ist laut Platon ebendiese Befreiung. Sie befähigt den Menschen zur »Schau der Idee des Guten«.

Platon war überzeugt, dass jeder Mensch eine unsterbliche Seele habe und diese aus dem Bereich der Ideen, des überirdischen Seins, stamme. Nach dem Tod kehrt die Seele dorthin zurück. Jeder Mensch ist nach Platon ein Teil des vollkommenen Seins. Diese Vorstellung der unsterblichen Seele zieht sich von Platon ausgehend durch die Geschichte der christlichen, jüdischen und muslimischen Mystik. Bis in unsere Tage.

Transzendenz ist der Anfang des Denkens und der religiösen Rituale und kultischen Handlungen

Interessant an der Grenze zwischen Immanenz und Transzendenz, zwischen Irdischem und Himmlischem erschien mir, dass sie nur einseitig durchlässig ist. Das Leben in der Immanenz, im Diesseits, verstehen die meisten Mythen und Religionen als abhängig von der Transzendenz. Umgekehrt gilt das nicht. Theologisch gesprochen hieße das – der Mensch braucht Gott, aber Gott braucht den Menschen nicht – was nur eine Behauptung wäre. Denn was wissen wir schon von der Sphäre jenseits der uns bekannten Welt?

Im Grunde, wurde mir bewusst, geht es bei den einander entgegengesetzten Begriffen Immanenz und Transzendenz um verschiedene Formen des Verstehens. Das Unverfügbare mag in den vergangenen Jahrhunderten geschrumpft sein. Denn wissenschaftliche Erkenntnisse und technische Errungenschaften haben das Wissen und Können der Menschen verändert.

Krankheiten werden heute durch eine hoch entwickelte Medizin geheilt. Mithilfe der Chemie können wir landwirtschaftliche Erträge unabhängig von Witterungen steigern. Und seit Charles Darwin wissen wir mehr über die Entstehung von Mensch und Tier. Vieles von dem, was den Menschen früher ein Rätsel war und das sie deshalb dem

Unverfügbaren, dem Transzendenten zugerechnet haben, lässt sich heute erklären. Doch nach wie vor sind die Wissenschaften mit Grenzen konfrontiert, nach wie vor reichen unsere Werkzeuge nicht aus, um das Universum als Ganzes zu verstehen.

Dieses Nicht-verstehen-Können-aber-verstehen-Wollen war einst der Ursprung für die Entstehung unseres Denkens, gleichzeitig aber auch der Grund, warum Menschen begannen, Rituale zu entwickeln. Mit Gebeten, Totemverehrung, Regentänzen und anderen Beschwörungen wollten sie sich das Unverfügbare verfügbar machen. Sie wollten damit Einfluss darauf nehmen, um Schaden von sich abzuwenden.

Heute geht die Religionssoziologie davon aus, dass Religion »unbewusst« entstand und dass sie auch Ergebnis materieller Notwendigkeiten war. Gottheiten entstanden somit als Ansprechpartner für existenzielle Anliegen, und mit ihnen entstanden vor etwa 15.000 Jahren auch Kulte und Rituale, die diese Ansprechpartner oder vermuteten allmächtigen Gottheiten beeinflussen sollten.

Dass jeder Mensch auch heute diese menschheitsgeschichtlich nachgewiesene Entwicklung durchmacht, verdeutlicht eine kleine Geschichte aus dem Jahr 1995. Meine Tochter war damals drei Jahre alt. Sie war ein zufriedenes Kind, das stundenlang vor sich hin spielen konnte. An einem regnerischen Tag beobachtete ich, wie sie in ihrem Zimmerchen ein großes Blatt Papier mit hellblauer Wasserfarbe anmalte. Dann ging sie auf den Balkon und wedelte damit, die angemalte, hellblaue Seite nach oben haltend, den Himmel an.

»Was machst du da?«, fragte ich sie.

»Ich zeige dem Himmel, welche Farbe er haben soll«, antwortete sie.

Das war pures magisches Denken, ein Versuch, die Grenze zwischen Himmel und Erde von der Erde aus zu durchdringen, den Himmel zu beeinflussen. Ich war erstaunt, dass mein Kind dachte, es hätte durch ein angemaltes Blatt Papier die Macht, auf das Wetter Einfluss zu nehmen. Besser hätte mir niemand den Zusammenhang zwischen Kultus und Kunst und die Entstehung von Religion aus einem vitalen Interesse heraus erklären können.

Gehört Transzendenz zum Wesen des Menschen?

Transzendenz ist also das, worüber wir nicht verfügen können, was wir zwar erfassen, aber nicht kontrollieren oder beeinflussen können. Gott oder das Heilige könnte man als Transzendenz beschreiben. Selbstreflexion und das Denken darüber, wie wir leben wollen oder wie wir die Welt zu einer gerechteren und besseren machen können, gehören auch dazu. Religion, Philosophie, Kunst und Wissenschaft bilden den notwendigen Rahmen dafür.

Nachdem ich das für mich geklärt hatte, stellte sich mir eine weitere Frage: Kann es sein, dass Menschen die Fähigkeit zur Transzendenz, die sie überhaupt erst zu Menschen macht und die die Quelle jeder Entwicklung ist, in dem um sich greifenden konsumistischen Materialismus verlieren? Kann es sein, dass das Wünschen und Hoffen auf ein besseres und gerechtes Leben eines Tages aufhört? Kann es in der Zukunft eine Zeit geben, in der keine Utopien mehr gedacht werden? Gehört es nicht zum Wesen des Menschen, über sich selbst hinauszudenken und an eine »höhere Macht« zu glauben? Und wenn es so ist: Warum ist es so, und wozu führt das?

Die entzauberte Welt

∞

Das Verschwinden der Transzendenz
und wie es die Welt verändert

Auf der Suche nach Artikeln über das Transzendente stieß ich in der *Frankfurter Allgemeinen Zeitung* auf einen Bericht des Journalisten Roswin Finkenzeller aus dem Jahr 2003. Damals fand in Berlin der erste Ökumenische Kirchentag statt, zu dem auch der 14. Dalai Lama eingeladen war. Finkenzeller stellte fest, dass der Dalai Lama ernsthafte theologische Aussagen vermeidet. Er schrieb:

> *Ausdrücklich lehnt es der Dalai Lama ab, über das Leben nach dem Tode zu reden oder auch nur über eine asiatische Gegebenheit wie das Nirwana. Denn er weiß aus rhetori-*

scher Erfahrung, dass im guten alten Europa der Verzicht auf Transzendenz die Attraktivität erhöht.

Finkenzellers Bemerkung über das feine Sensorium des Dalai Lama für gesellschaftliche Entwicklungen bringt die Sache auf den Punkt. Ausgerechnet das gute alte Europa mit seinen vielfältigen religiösen Traditionen und seiner von Religion geprägten Kultur hat sein Interesse am Transzendenten weitgehend verloren. Aus dem Kontinent der großen Utopien droht ein eindimensionaler Raum zu werden.

Dieser Verlust der Transzendenz hat zum einen damit zu tun, dass mit der sogenannten »Entzauberung der Welt«[12], nicht zuletzt durch wissenschaftliche Erkenntnisse und daraus erwachsende technische Möglichkeiten, die Fähigkeit, die Bereitschaft und das Interesse, sich mit Transzendenz zu beschäftigen, abnimmt. Der moderne Mensch muss eben nicht mehr zu magischen Mitteln greifen, um sich die Welt zu erklären. Das Unverfügbare, also alles, auf das Menschen keinen Zugriff haben, das sie weder beherrschen noch kontrollieren, weder verwalten noch kommerzialisieren können, verliert damit an Reiz und Bedeutung.

Doch die Intellektualisierung und Rationalisierung geht noch einen Schritt weiter: Transzendenz verschwindet als Denkkategorie. Es gibt scheinbar nichts mehr, was wir nicht erklären und nicht machen, realisieren könnten. »Modern ist, wer glaubt, dass man bis ins Äußerste etwas anderes tun kann, als sich an Gott und höhere Gewalten hinzugeben. Der moderne Mensch will die höhere Gewalt nicht erleiden, sondern sein«, schreibt Peter Sloterdijk in seinem Vorwort zu *Die Vielfalt religiöser Erfahrungen: Eine Studie über die menschliche Natur* von William James.

Zu diesem modernen Leben gehören der Wunsch und der Wille, die Welt verfügbar zu machen. Erdbeeren im Winter also, auf allen Ebenen. Doch das, was wirkliches Leben und Lebendigkeit ausmacht, was Erfahrung und Wissen mit sich bringt, entsteht in Situationen der Unverfügbarkeit. Wahrscheinlich können wir sogar einen Schritt weiter gehen und sagen: Eine Welt, in der Menschen alles wissen, planen und beherrschen, ist eine tote Welt.

Aus der Unverfügbarkeit, Unantastbarkeit, Heiligkeit wird Rundumverfügbarkeit, Machbarkeit bis ins Innerste unseres Seins und eine Profanität, die alles, was uns umgibt, selbst die Poesie, eindimensional macht. Aus einem Gott, der mit seinen Geboten den Menschen Richtung und die Möglichkeit eines menschlichen Zusammenlebens gibt, wird im Zeitalter der Naturwissenschaften der Mensch selbst als einziger Glaubensinhalt.

Die vergangenen beiden Jahrzehnte haben gezeigt, dass es von da noch immer einen Schritt weiter geht: An die Stelle Gottes ist die Logik der Finanzmärkte getreten. Sie verlangt Gehorsam von uns. Nicht Barmherzigkeit, Nächstenliebe und Mitgefühl sind die Tugenden der Gegenwart, sondern die Einsicht in die naturrechtlich anmutende Notwendigkeit der Profiterzielung und Effizienz.

Wenn im Himmel kein Gott mehr wohnt und das Transzendieren, das »Überschreiten«, ins Nirgendwo führt, wenn das Leben sich nicht mehr an der Grenze zwischen Verfügbarkeit und Unverfügbarkeit abspielt, dann fehlt aber der »höhere Sinn« des weltlichen, menschlichen Tuns, dann bleibt alles am Boden, erhebt sich nichts mehr in befreiende Höhen.

Wenn es keinen Schöpfer und kein Geschöpf, kein Hüben und kein Drüben, kein Oben und Unten, kein Jetzt und Dann mehr gibt, macht sich unendliche Eintönigkeit breit. Dann gibt es auch keinen Ausweg mehr, dann bleibt uns nur die »absolute Welt«[13].

Cui bono? – Wem zum Vorteil?

Die Profiteure dieser Entwicklung sind die herrschenden Eliten, gegen die sich immer weniger erheben, wenn sie menschenunwürdige Gesetze und Bestimmungen erlassen. Die absolute Welt macht ihre Bürger phantasielos, und deshalb leichter beherrschbar, weil gerade in der Phantasie die Kraft, Neues zu denken und Alternativen zu finden, steckt. Außerdem nützt die »absolute Welt« jenen, die Heilsversprechen verkaufen. Es gibt zwar keine Alternative, sagen sie, aber leg dir doch einfach ein besseres Handy zu und fahre auf die Malediven auf Urlaub. Mit einem Wort: Konsumiere! Sie machen den Konsum zum einzigen Zeichen unserer Lebendigkeit.

Der Verlust der ethischen Grundsätze

Seit Anfang der 2000er Jahre beobachte und erlebe ich, dass mit dem Aufstieg des kapitalistischen Effizienz- und Konsumdenkens und dem Rückgang der allgemeinen Religiosität, der Zugehörigkeit zu religiösen Gemeinschaften und des Wissens um die Kultur und Tradition dieser religiösen Gemeinschaften auch etwas anderes verloren geht: die Verwurzelung in den jahrtausendealten ethischen Grundsätzen und Prinzipien, wie den Zehn Geboten oder den »heiligen« Glaubenssätzen, und eine Kultur der Kontemplation, der Stille, um sich zu besinnen.

Ersatzreligionen treten an die Stelle der traditionellen Religionen. Dabei handelt es sich nicht nur um selbstgebastelte Religionen aus allen Richtungen, sondern etwa auch um den Trend zu immer extremer werdenden Großveranstaltungen, die ekstatische oder transzendente Erfahrungen, unterstützt von Alkohol und Drogen, ermöglichen können.

So trifft sich seit mehr als zwanzig Jahren einmal jährlich in der Black Rock Desert in Nevada die internationale Party-Aussteiger-Hippie-Freak-Szene. *Burning Man* heißt das Großereignis, das seit dem Siegeszug des World Wide Web zu einem internationalen Treffpunkt von jungen Menschen wurde, die im »normalen« Leben eigentlich keinen Kontakt zueinander haben, sich dort aber als Gruppe, als Community fühlen können, als Netzwerk von Träumern und Freizeitaktiven. Andere Events, die beinahe schon religiösen Charakter aufweisen und Gemeinschaft herstellen, wo es eigentlich keine gibt, sind Sportereignisse oder Großkonzerte. Nichts gegen Spaß. Aber kommen von dort Kraft und Einsicht?

Der Rückgang der historisch gewachsenen Religiosität und religiösen Kultur ist für sich noch nichts Schlimmes. Die Welt verändert sich jeden Tag, und das bereits seit ihren Anfängen. Wäre das anders, gäbe es uns wahrscheinlich schon gar nicht mehr. Denn Leben heißt Veränderung. Weil Veränderung zu unserem Leben gehört, braucht sich davor eigentlich auch niemand zu ängstigen. Doch viele Menschen tun das heute. Sie ängstigen sich und fragen sich: Wohin verändert sich die Welt, die Menschheit? Denn noch nie gingen Veränderungen so sehr an die Substanz des Menschen, an seine grundsätzliche Bedeutung als Individuum, wie jetzt. Denn die umwerfend rasante Modernisierung und Digitalisierung unseres Lebens bringt mit dem Positiven auch vieles mit sich, das die Rolle des Menschen auf dieser Welt nebensächlicher werden lässt.

Der Mensch als Nebenfigur

Die Digitalisierung aller Lebensbereiche zum Beispiel bedeutet nicht nur eine technologische, sondern auch eine fundamentale philosophische und theologische Veränderung. Denn an die Stelle der dogmatisierten Vorstellung des allwissenden und alles sehenden Gottes tritt durch die »Googlification«, die Digitalisierung aller Lebensbereiche, eine neue Religion.

»Data-ismus« ersetzt den Gott der jahrtausendealten, religiösen Traditionen. An die Stelle des an der Schwelle zur Neuzeit entstandenen Humanismus tritt der Transhumanismus: Die Grenzen der intellektuellen, physischen und psychischen menschlichen Möglichkeiten sollen mithilfe von Technologie erweitert werden.

Der Glaube an den Fortschritt ist das Gebot der Stunde. Die Unvollkommenheit des Menschen, die im Laufe der Geschichte der Religionen kultiviert wurde, wird von den Silikon-Valley-Digitalisten durch das Versprechen der unfehlbaren künstlichen Intelligenz ausgemerzt. Die Grundlage der Vollkommenheit sind objektive Daten und Algorithmen, die auch als einzige Grundlage der Steuerung gesellschaftlicher Prozesse postuliert werden. Die alten Dogmen werden ersetzt durch neue, Gott durch Big Data.

Welche Rolle Menschlichkeit, Güte, Barmherzigkeit und Weisheit, Liebe und Verantwortung, das Schwimmen gegen den Strom oder Großzügigkeit in diesem Big-Data-Universum spielen werden, ist heute nicht absehbar. Aber wenn wir davon ausgehen, dass Barmherzigkeit für einen Algorithmus keine Rolle spielt, dann wird es wohl in der digitalen Zukunft auch nicht auf den einzelnen Menschen mit seinen Bedürfnissen, seinen Erkenntnissen, seinen Gefühlen und seinem freien Willen ankommen.

Der Leiter des Büros für Technikfolgenabschätzung im Deutschen Bundestag (TAB), Armin Grunwald, warnt in einem Interview mit der *Süddeutschen Zeitung* im Januar 2018 vor einem digitalen Totalitarismus:

> *Zu keiner Zeit in der Menschheitsgeschichte hat es derart gute Bedingungen für eine totalitäre Diktatur gegeben wie heute. Was Hitler an Propagandamöglichkeiten, was die Stasi an Überwachungsapparat hatte, ist Kinderkram gegen das, was heute möglich ist.*

Wie werden wir uns auf die ethischen Herausforderungen, die der totalitäre Dataismus mit sich bringen wird, vorbereiten? Kann es im digitalen Überwachungsstaat noch Widerstand, Menschlichkeit, Ungehorsam, Mitgefühl, Rettung geben?

Beispielhaft für diese Entmenschlichung stehen Bildung und Weitergabe von Wissen. Der Bildungsprozess selbst ist ein Akt der Kommunikation. Zumindest war er das bisher. Lehrerinnen und Lehrer haben uns oft mehr geprägt als der Stoff, den sie uns beigebracht haben. Die unvollkommene, menschliche Seite von Bildung formt in der Begegnung und Auseinandersetzung mit anderen die Persönlichkeit von Menschen.

Der digitale Bildungsprozess hingegen, der seit einigen Jahren von vielen Regierungen Europas angestrebt und mit Unmengen an Steuergeldern auch bereits in den

Volksschulen realisiert wird, konzentriert sich auf die exakte Wiedergabe exakter Informationen. Wo bleibt da das Gleichnis? Wo die poetische Erzählung, die Lernenden Menschlichkeit lehrt und ihnen die Bedeutung der Individualität vermittelt? Lernen als Dialog ist im digitalisierten Bildungsprozess nicht vorgesehen.

So geht Wissen verloren. Nicht nur handwerkliches Wissen, das ja schon seit dem Beginn der Industrialisierung vor 200 Jahren zu schwinden begann, auch das Wissen, das aus dem Dialog und der Begegnung erwächst, schwindet.

Ebenso haben die Kontemplation, also die Stille und Konzentration des Nachdenkens, und die daraus über Generationen weitergegebenen Erkenntnisse und Einsichten philosophischer und religiöser Natur, kaum noch einen Stellenwert unter den sinnvollen menschlichen Erfahrungen. Mit einem Klick auf *google.com* erschließt sich Wissen heute ohne jede Kontemplation und menschliche Interaktion. Wie tief diese Art von Wissen und Wissensvermittlung geht, sei dahingestellt.

Statt Stille gibt es eine allgegenwärtige Geräuschkulisse. Eine flächendeckende Beschallung lässt aber kaum klare Gedanken oder gar tiefes Nachdenken aufkommen. Sie versetzt uns in permanente Aufregung, irritiert uns, macht uns planlos, sie entfremdet uns von uns selbst und von unserer Umwelt.

Ich wundere mich manchmal, wenn ich im öffentlichen Raum Menschen mit Kopfhörern sehe, abgeschlossen in ihrer eigenen beschallten Welt, abgetrennt von allem um sie herum. Ab und zu habe ich selbst versucht, mit Ohrsteckern und meinem Lieblingsradiosender im Ohr in die Arbeit zu gehen.

Ich konnte mich weder auf das Gehörte, noch auf die Außenwelt konzentrieren. Der Effekt, der sich eher einstellte, war Verunsicherung: Die Orientierung im Raum ging mir verloren. Ebenso der Bezug zu den anderen Menschen, der hilft, Entfernungen, Gefahren und Hindernisse einzuschätzen und darauf zu reagieren.

Obwohl die meisten Menschen unter Lärm leiden, werden wir ununterbrochen beschallt. Ich denke, dass das etwas mit Vernebelung und Verwirrung zu tun hat, mit bewusster Abstumpfung von Menschen, wohl zu kommerziellen Zwecken. Wer nicht bei sich ist, lässt sich vielleicht als Konsument leichter manipulieren.

Die Geschichte einer Machtablöse und ihre Folgen

Das beschriebene Szenario scheint durch das irrwitzige Tempo der digitalen Revolution, wie über Nacht über uns hereingebrochen zu sein. Doch das ist es nicht. In Wirklichkeit steht dahinter eine jahrhundertelange Entwicklung, die sich nur, wie alle Entwicklungen, in den vergangenen Jahren beschleunigt hat.

Etwa hundert Jahre bevor der Begriff »Transzendenz« zum ersten Mal auftauchte, legte der Domherr des Fürstbistums Ermland in Preußen, der Astronom und Arzt Nikolaus Kopernikus, dar, dass nicht die Erde, sondern die Sonne im Zentrum unseres Universums steht. Obwohl er diese Erkenntnis bereits 1509 einem kleinen Kreis von Wissenschaftlern präsentiert hatte, erschien sein Hauptwerk *De revolutionibus orbium coelestium* (Über die Umschwünge der himmlischen Kreise) erst 1543, kurz vor seinem Tod. Er wusste wohl, dass die Glaubenshüter der römisch-katholischen Kirche solcherlei Überlegungen nicht schätzen würden.

Die damit zeitlich verortete sogenannte »Kopernikanische Wende« läutete in Europa das Zeitalter der Naturwissenschaften ein. Die Deutung und Interpretation der Welt war von da an nicht mehr der Theologie, also dem Dogmengebäude der Kirchen, vorbehalten. Die Naturwissenschaften redeten mit.

Die großen Arbeiten und Erkenntnisse stammten vorerst weiterhin fast durchgängig von Theologen und Priestern, doch nun waren sie naturwissenschaftlich gebildet. Sie waren es, die in den Klöstern und kirchlichen Lehranstalten überhaupt Wissen erlangen konnten. Unter anderem war ihnen auch das naturwissenschaftliche Wissen der Antike zugänglich.

Die Folge der denkerischen Aufbrüche war nicht nur die allgemeine Emanzipation des Denkens und Forschens, sondern auch die Emanzipation des Individuums von den Lehren der Katholischen Kirche. Der Weg dahin war allerdings lang und steinig: Der Konflikt zwischen der Kirche, mit ihren für göttlich gehaltenen Dogmen, und dem naturwissenschaftlichen Denken war heftig und brutal. Einer, der sich mit der Veröffentlichung seiner Erkenntnisse sein eigenes Grab schaufelte, war der 1548 in der Nähe von Neapel geborene Priester, Dichter, Philosoph und Astronom Giordano Bruno. Er hatte verstanden, dass Zeit und Raum unendlich sein mussten. 1592 sagte er vor der Heiligen Inquisition:

> *Ich halte das Weltall für unendlich als Schöpfung einer unendlichen göttlichen Allmacht, weil ich es der göttlichen Güte und Allmacht für unwürdig halte, dass sie eine endliche Welt erschaffen hätte, wenn sie noch neben dieser Welt eine andere und unzählige andere erschaffen konnte. So habe ich denn erklärt, dass es unzählige Welten gibt ähnlich dieser …*[14]

Was Bruno dachte, schrieb und sagte, stellte nicht mehr nur kirchliche Dogmen, sondern die Macht der Kirche selbst infrage. Denn Unendlichkeit ist per se das Gegenteil von Herrschaft. Um Herrschaft zu errichten, braucht es Zeit und Raum. Außerdem kann Herrschaft sich nur errichten, wo nicht nur Zeit und Raum, sondern auch Ressourcen begrenzt sind. In der sich ununterbrochen verändernden Unendlichkeit hingegen kann es keine Herrschaft geben, denn jede Herrschaft endet mit der Endlichkeit des Herrschenden. Niemand kann über das Unverfügbare herrschen. Nicht Geld, nicht Gewalt, nicht Betrug und eben auch nicht kirchliche Macht. Das Unverfügbare ist durch eine Grenze von uns getrennt, die wir nicht invasiv, nicht imperial überschreiten können.

Diese revolutionäre und radikale Einsicht Brunos war deshalb für die Kirche ganz anderer Tobak als Revolten der unzufriedenen Untertanen, die mit Gewalt niedergeprügelt werden konnten. Nach jahrelanger Haft wurde Giordano Bruno für seine Aussagen am 17. Februar des Jahres 1600 in Rom als Ketzer verbrannt.

Dennoch übernahmen die Naturwissenschaften, vorangetrieben von Menschen wie Galileo Galilei, Alexander Humboldt, Charles Darwin und anderen, zunehmend die Deutungshoheit über die Welt. Die Naturwissenschaften waren nicht länger die »Magd der Theologie«, eine Formulierung, die dem italienischen Bischof und Kirchenlehrer Petrus Damiani (um 1006 – 1072) zugeschrieben wird, und mit der er die Vormachtstellung der kirchlichen Lehre in der Deutung der Welt postulieren wollte. Theologie und auch die Philosophie im Sinne der Antike verloren ihre Welterklärungsfunktion.

Der Sieg der Naturwissenschaften

»Gott ist tot!«, postulierte im 19. Jahrhundert schließlich der evangelische Pfarrerssohn und Altphilologe Friedrich

Nietzsche. Die Erkenntnisse der Naturwissenschaften und des freien Denkens, das Nietzsche radikal betrieb, hatten diesen Gott getötet.

Die Wissenschaftler an der Wende vom 19. zum 20. Jahrhundert, Max Planck, Albert Einstein, Nils Bohr, Erwin Schrödinger und Werner Heisenberg, mussten sich nicht mehr rechtfertigen für ihre Einsichten und Entdeckungen. Eher gerieten nun die Kirchen, die Theologie und die Philosophie in Erklärungsnot. Wie konnten sie das religiöse Denken eines Schöpfergottes, wie die diversen Dogmen von jungfräulicher Geburt bis zur Auferstehung, von der Erbsünde bis zum Jüngsten Gericht, noch vertreten, ohne sich selbst der Lächerlichkeit preiszugeben?

Als ich 1983 mit dem Studium der Evangelischen Theologie in Wien begann, spielte sich die Gegenüberstellung der nun ungleichen Kontrahenten Religion und Naturwissenschaft höchstens noch in Arbeitskreisen ab, die damals gerade modern waren. Diese Runden mit bekannten Naturwissenschaftlern, etwa Physikern auf der einen und katholischen oder evangelischen Theologen auf der anderen Seite, hatten immer etwas Skurriles. Selten konnten die am Dialog interessierten Herren uns Studierenden klarmachen, dass da zwei Welten gegeneinander positioniert wurden. Zwei Welten, die ja von ihrer Wesensart her nicht entgegengesetzt sind. Das wäre, als wolle man Äpfel und Birnen miteinander vergleichen. Sie gehen von ganz anderen Voraussetzungen aus und haben ganz andere Grundlagen. Wir Studierende arbeiteten uns trotzdem daran ab, weil wir dachten, dass wir das verstehen müssten, obwohl es nichts zu verstehen gab.

Theologinnen und Theologen sowie Philosophinnen und Philosophen hatten zu diesem Zeitpunkt ihre Aufgaben bereits neu definiert. Sie denken heute nichts Neues mehr, sondern kommentieren das Zeitgeschehen und entwickeln denkerische Ansätze, zum Beispiel, um Menschen ein »gutes Leben« in Gerechtigkeit zu ermöglichen.

Manche Theologinnen und Theologen, das gefiel mir schon damals, konzentrieren sich auf die Funktion der Mahnenden in unseren Gesellschaften. Viele erinnern uns daran, dass Menschen ohne jede Gegenleistung und Begründung einen Wert haben, der nicht infrage zu stellen ist. Sie setzen sich ein für Gerechtigkeit und Frieden und für die Bewahrung der Schöpfung.

Gottlos glücklich oder himmlisch froh?

Inzwischen ist die Übermacht der Naturwissenschaften gegenüber der Religion dermaßen gefestigt, dass der Diskurs kaum noch zwischen diesen beiden ehemaligen Kontrahenten stattfindet, sondern zwischen den Positionen »Glaube« oder »Nicht-Glaube«.

Diese Diskussion, oder sollte ich besser sagen, Postulation, kann skurrile Züge annehmen. So war *Gottlos glücklich* 2017 der Titel eines Sachbuches, das großen Erfolg auf dem deutschsprachigen Buchmarkt hatte. *Warum wir ohne Religion besser dran wären,* lautete der Untertitel.

Der Autor, Philipp Möller, ein Diplompädagoge, trat als »überzeugter Atheist« auf. Auf mehr als 300 Seiten versucht er, plausibel zu machen, warum Religion rückwärtsgewandt, frauenfeindlich, gegen das Arbeitsrecht, spätfeudal, unsinnig, lebenswichtige Triebe verbietend, machtgierig, imperial, tödlich, gewalttätig und diskriminierend sei und dass es mit der »Narrenfreiheit« der Religionsgemeinschaften nun eigentlich endlich vorbei sein sollte.

In vielem hat der 1980 geborene Möller Recht, vor allem mit seinen Fragen. Zum Beispiel jener, warum katholische Priester keinen Sex haben dürfen. Oder jener, wie es um das Vermögen der römisch-katholischen Kirche steht oder warum Religion junge Männer zu mordbereiten Fanatikern machen kann. Sein Buch unterfüttert er mit vielen persönlichen Erfahrungen. Es gibt auch Einblick in seine eigene katholisch-restprotestantisch religiöse Sozialisation.

Zu Beginn erzählt er von einer Kampagne, die er 2009 in Berlin nach Vorbild der britischen *Atheist Bus Campaign* gemeinsam mit anderen initiierte, eine durch Spendengelder finanzierte Bus-Kampagne. Drei Monate lang fuhr ein Doppeldeckerbus durch Deutschland, auf dem zu lesen war: »Es gibt (mit an Sicherheit grenzender Wahrscheinlichkeit) keinen Gott!«

Mit dieser »säkularen Werbekampagne« wollten die Initiatoren und ihre Unterstützer bekunden, dass Menschen,

»…die in ihrer Weltanschauung auf übernatürliche, metaphysische Kräfte verzichten«, nicht alleine seien und »dass Ethik und Moral nicht von Gott gegeben, sondern von Menschen und für Menschen gemacht« sind.

Zum Doppeldeckerbus griff man, weil die Verkehrsbetriebe fast aller deutschen Großstädte es ablehnten, ihre Busse mit diesem Spruch zu bekleben. Dabei reagierten die Kirchen, sowohl die Katholische Kirche als auch die Evangelische Kirche Deutschlands (EKD), gelassen. So ließ das Erzbistum Berlin auf Nachfrage der *Frankfurter Rundschau* wissen: »Wir machen ja auch Werbung, wieso sollen die das nicht machen?« Die Kultursprecherin der EKD begrüßte die Kampagne sogar, weil sie eine Chance sei, »…das Thema Gott öffentlich ins Gespräch zu bringen«.

So war es auch. Alle wichtigen Nachrichtensendungen berichteten, in Deutschland ebenso wie in Österreich. In Wien initiierte der Journalist Niko Alm eine ähnliche Kampagne unter dem Motto »Es gibt keinen Gott. Gutes tun ist menschlich«. Die *Wiener Linien* verweigerten das Sujet auf ihren Verkehrsmitteln. Übrig blieb ein Plakat an der Haupteinkaufsstraße Wiens.

Dem gegenüber stehen ebenso skurrile Versuche, Gott und den Glauben an ihn wieder ins Spiel zu bringen. Bei einer Autoreise von Süddeutschland nach Berlin passierte ich auf der A9 das Hermsdorfer Kreuz. Auf einem viele Meter über der Fahrbahn thronenden Riesenplakat war in schwarzen Lettern auf weißem Hintergrund zu lesen:

Ich halte Dich – Gott

Ich musste, obwohl am Lenkrad, zweimal hinschauen: Wer sprach da zu mir? Wer stand hinter dieser Botschaft? Was war die Botschaft? Wer wagte es, im Namen Gottes zu sprechen? Oder Gott so eine Botschaft in den Mund zu legen? Woher wussten die Autoren, was Gott sagt? Was wollten die von mir? Ich war richtig verärgert. Was für eine Anmaßung. Und was für eine Gefährdung im Straßenverkehr, von dem man mich ablenkt, um mir in fremdem Namen eine Botschaft zu übermitteln, die ich als unangenehm und grenzüberschreitend empfand.

Hinter dieser Kampagne stand der eingetragene Verein *Gott.net*. Die Vorsitzende des Vereins ist die evangelische Pfarrerin Monika Deitenbeck-Goseberg. Ihr Vater, der Pfarrer Paul Deitenbeck, war eine der prägenden Persönlichkeiten des Pietismus in der Nachkriegszeit und Erfinder eines Ansteck-Buttons, den auch ich in meiner kurzen frommen Phase als Jugendliche getragen habe. Darauf stand:

Jesus liebt Dich!

In den emotionalen und intellektuellen Berg- und Talfahrten meiner Jugend gab mir diese Anstecknadel, die ich wie eine Ritterrüstung vor mir hertrug, wirklich Halt. Während der Ferienmonate plakatiert der Verein »für alle, die unterwegs sind« dank zahlreicher Spender entlang der stark befahrenen deutschen Autobahnen fromme Sprüche wie:

Wir müssen miteinander reden – Gott

Sie meinen es sicherlich gut mit uns, diese Sprüche. Aber was bewirken sie? Wird sich jemand wegen solcher Behauptungen entscheiden, religiös zu werden? Und selbst, wenn: Was für eine Religiosität wäre das dann? Worauf würde sie gründen? Auf Ergriffenheit? Wissen? Tradition? Gemeinschaft?

Ebenso ist der Spruch »Es gibt keinen Gott« des Philipp Möller auf seine Wirkung hin zu hinterfragen. Werden Menschen, die das auf dem vorüberfahrenden Bus lesen, sofort den Weg zum Magistratischen Bezirksamt oder zum Bürgeramt einschlagen und aus der Kirche, so sie noch deren Mitglieder sind, austreten?

Diese beiden Kampagnen, der Doppeldeckerbus und die Autobahnplakate, sind die Pole des aktuellen öffentlichen Diskurses über Religion, der von militanter Ablehnung alles Religiösen bis hin zur beinahe vormodern wirkenden und von Gefühlen genährter Frömmigkeit (in diesem Falle protestantischer Prägung) geprägt ist, und dem es in vieler Hinsicht an Klasse und Würde fehlt. Auch deshalb, weil weder die eine noch die andere Seite noch genau zu wissen scheint, was »das Religiöse« eigentlich ist.

Der Verlust des Wissens

In meinem Beruf als Religionsjournalistin konnte ich über viele Jahre beobachten, dass es zwar ein starkes Interesse an Spiritualität, Esoterik, Wundern und ähnlichem gibt, dass aber das konkrete Wissen der Menschen über die eigene Religion, erst recht aber über die Religion der anderen, sehr begrenzt, wenn überhaupt noch vorhanden ist.

Fragt man Menschen, woran sie glauben oder was der Unterschied zwischen den unterschiedlichen christlichen Richtungen oder anderen Religionen ist, können sie darauf nur oberflächliche und allgemeine oder gar keine Antwort geben. Gerade in Österreich, wo durch den Katholizismus eine lange Tradition der religiösen Bevormundung stattfand, stößt man oft auf heftige Antipathie gegen Religion und Kirche. Allerdings können viele, nach ihren Motiven gefragt, oft nicht genaue Auskünfte geben. Gefühle und Unwissen mischen sich zu diffusen Argumenten.

Das kann mitunter seltsame Blüten treiben. Zum Beispiel dann, wenn Protestanten aus ihrer Kirche austreten, weil sie den Papst ablehnen. Denn genau das, die Ablehnung des Papsttums als oberste Instanz der Christenheit, war 1517 der Anlass für den jungen Augustinermönch Martin Luther, die Reformation auszulösen. Seither, und das sind immerhin schon über 500 Jahre, kommt dem Papst in den protestantischen Kirchen nicht mehr die Bedeutung des »Stellvertreters Christi auf Erden« zu. Man sollte annehmen, dass Evangelische das wissen, denn es ist konfessionelles Basiswissen. Dieser Verlust an Wissen hindert manche Menschen aber nicht an einer inhaltlich zwar rein emotionalen, aber in ihrer Intensität geradezu radikalen Ablehnung der eigenen religiösen Wurzeln. Dazu eine kleine, aber bezeichnende Geschichte.

Eine zwanzig Jahre ältere Bekannte, die in den 1950er Jahren mit ihren Eltern und Geschwistern als Ungarn-Flüchtling nach Österreich kam und in einem katholischen Internat erzogen wurde, verwickelte mich vor Jahren in eine heftige Debatte, an deren Ende eine bleibende Beschädigung unserer Bekanntschaft stand. Auf einer langen Autofahrt erzählte sie, warum Religion und Kirche ihrer Meinung nach abgelehnt, wenn nicht abgeschafft gehörten: Sie würden Menschen unfrei machen und verängstigen, verblöden und zur Unselbstständigkeit erziehen. »Hände falten – Schnauze halten!«, das sei das Prinzip der Religionen.

Ich entgegnete ihr, dass ich, aufgewachsen in einem evangelischen Pfarrhaus, mit Religion nie eine schlechte Erfahrung gemacht habe. Dass ich mich nie unfrei oder eingeschränkt gefühlt hatte. Im Gegenteil: Sowohl zuhause als auch im Studium der Evangelischen Theologie an den Universitäten Wien und Montpellier, Frankreich, sei ich nicht nur zum Denken, sondern auch zum Widerspruch, zur Nachfrage und wenn nötig auch zur Rebellion erzogen worden.

Als besonders beeindruckendes Beispiel nannte ich meine Begegnung und Beschäftigung mit der deutschen evangelischen Theologin Dorothee Sölle (1929 – 2003). Ihre Themen waren Mystik und Widerstand. Sie provozierte die kirchlichen Hierarchien und prägte Generationen von jungen Theologinnen und Theologen und Gläubigen. Eine »fromme Rebellin« nannte man sie.

1995 traf ich Sölle anlässlich des Erscheinens ihrer Autobiografie zu einem langen Interview in Wien. Vorher hatte ich sie schon einige Male bei kirchlichen Großveranstaltungen wie dem Deutschen Evangelischen Kirchentag reden gehört. Und als ich sie traf, saß eine zarte, kleine, sehr freundliche und sensible Frau vor mir, die jedes Wort bedachte, den Fragen der jungen Journalistin aufmerksam und geduldig folgte und, so als hätte sie gerade den Gedanken neu gedacht, darauf antwortete.

Für Dorothee Sölle hieß Christin sein, Verantwortung für die Mitmenschen und die Umwelt zu übernehmen. Sie war eine der führenden Intellektuellen, die sich ab den 1950er Jahren kritisch mit dem Nazi-Erbe Deutschlands auseinandersetzten. Dabei entstammte Sölle selbst einem nationalsozialistisch überzeugten Elternhaus. Ihr Vater war der Arbeitsrechtler und erste Präsident des Bundesarbeitsgerichts der Bundesrepublik Deutschland, Hans Carl Nipperdey. Während der NS-Zeit hatte er sich im Rahmen der Arbeitsgemeinschaft für den Kriegseinsatz der Geisteswissenschaften gemeinsam mit 500 anderen Wissenschaftlern freiwillig daran beteiligt, die deutschen Kriegsziele wissenschaftlich zu unterlegen.

In einer vielbeachteten Rede räumte Sölle 1965 beim Evangelischen Kirchentag in Köln mit der, wie sie es nannte, »Papa-wird's-schon-richten-Theologie« der deutschen Nachkriegs- und kulturprotestantischen Wohlstandskirche auf. Sölle forderte ein politisches Christentum im Sinne der Gerechtigkeit und erklärte den Gott, an den die Gläubigen die Verantwortung für ihr Handeln delegieren, kurzerhand für tot. Sie demonstrierte gegen Atommülllager, wie jenem im niedersächsischen Gorleben, und wurde dafür verhaftet und verurteilt. Sie stellte sich 1972 gegen US-amerikanische Panzer in Vietnam. Sie protestierte und argumentierte gegen Mittel- und Langstrecken-Raketen und war eine der Gallionsfiguren der deutschen Friedensbewegung.

Von Dorothee Sölle hatte ich während meines Studiums Mitte der 1980er Jahre zum ersten Mal von transnationalen Finanzmärkten und ihren fatalen Auswirkungen auf das Leben der Menschheit gehört. Dass sie mit ihren provokanten, auch feministischen Thesen zu Theologie und Kirche in Deutschland nie eine Professur bekam, war zwar keine Überraschung, ließ aber doch erkennen, wie schmerzhaft die Wunde war, in die sie ihre gläubigen Theologinnen-Finger legte.

Bis zuletzt. 2002 war sie eine der Hauptrednerinnen der großen Friedensdemonstration von Hamburg gegen den US-amerikanischen Öl-Krieg im Irak.

Von Dorothee Sölle habe ich gelernt, dass christlicher Glaube bedeutet, eine Haltung zur Welt zu haben. Eine Haltung des Friedens und der Gerechtigkeit, des Mitleidens und der Barmherzigkeit.

Das alles erzählte ich meiner Bekannten. Aber sie wollte es auf gar keinen Fall gelten lassen. Ich würde verdrängen, sagte sie, schönreden, die Verbrechen der Kirchen an den Menschen leugnen, gemeinsame Sache mit Unterdrückern machen und so weiter. Die Heftigkeit ihrer unbesänftigbaren Emotion ließ mich verstehen, dass sie in ihrer religiösen Sozialisation offensichtlich sehr verletzt worden war.

Das änderte nichts daran, dass ich andere Erfahrungen gemacht hatte. Positive, befreiende, unterstützende. Auch wenn ich heute nicht mehr in dem Sinne religiös bin, wie ich es als Jugendliche und junge Frau war, kann ich keinen Widerwillen gegen meine religiöse Erziehung und schon gar nicht gegen mein Studium der Evangelischen Theologie in mir spüren. Interessant in diesem Zusammenhang war für mich immer auch die heftige Ablehnung von Religion bei den österreichischen Sozialdemokraten. Viele von ihnen, besonders jene aus der Generation der »jungen Wilden« der 1970er und 1980er Jahre, waren in ihrer Kindheit und Jugend Ministranten oder in der Katholischen Jugend engagiert. Im Zuge ihrer Politisierung wurden sie leidenschaftliche Gegner der Religion.

Radikale Ablehnung von Religion ist oft aber auch nur die andere Seite ein und derselben Medaille. Leidenschaftliche Anhänglichkeit an eine Institution kann ebenso leidenschaftliche Ablehnung verursachen. Der jeweilige Mensch ändert quasi nur den Inhalt seiner Anhänglichkeit. So musste ich oft rechtfertigen, warum ich als evangelische Theologin auf der linken Seite des politischen Spektrums stehe.

Politik ohne Glauben

In einer der vielen Nachrichtensendungen über die erwähnte Bus-Initiative wurden Straßenbefragungen durchgeführt. Eine der Befragten sagte:

> *Ich bin gläubige Katholikin und kann gar nicht verstehen, dass jemand nicht an Gott glaubt. Jemand, der nicht glaubt, ist doch unglaubwürdig!*

Das ist ein interessantes und weltpolitisch gesehen geradezu folgenschweres Argument: Menschen in der ganzen Welt haben sich immer gerne Politikern anvertraut, die vorgeben, religiös zu sein, und tun das zum Teil noch heute. Die fortgesetzten Wahlerfolge des türkischen Ministerpräsidenten Recep Tayyip Erdoğan etwa sind auch darin begründet, dass viele Menschen denken, dass jemand, der sich auf die Seite der Religion stellt, vertrauenswürdig sei.

Wir sprechen hier nicht von religiösen Extremisten, sondern von Menschen, deren gesamtes Wertesystem auf Religion aufgebaut ist. Im Zeitalter des »subjektiven Relativismus« und des religiösen Pluralismus mit all seiner Verunsicherung scheint jemand, der vorgibt, religiös zu sein, Sicherheit zu bringen. Doch auch dieses durchaus fragwürdige Gebiet religiösen gesellschaftlichen und politischen Einflusses wankt. Denn ein anderer, um nichts weniger erfolgreicher Staatsführer, US-Präsident Donald Trump, kann die Herrschaft in seinem Land bereits ohne den Rückgriff auf Religion begründen. Auch das multi-religiöse Amerika, das in seiner Verfassung aus dem Jahr 1787 die völlige Trennung von Staat und Kirche verankert hat, ist in den vergangenen zwanzig Jahren nicht nur noch kapitalistischer, sondern auch noch säkularer geworden. Das Wertesystem hat sich, sicherlich auch vor dem Hintergrund der grausamen imperialen Kriege im Nahen Osten, verschoben.

Nimm dir, was du brauchst, erlaube dir, was du willst! Das scheint der neue Trend in den USA zu sein. Trump muss, anders als seine Vorgänger, nicht einmal mehr behaupten, die USA würden durch die Kriege »Demokratie und Freiheit« bringen und Gott sei mit ihnen. Er kann einfach sagen: »Ich stehe über jedem Recht, ich bin der Größte, alle anderen sind Lügner und wer mir widerspricht, wird rausgekickt.« Trump beruft sich nicht auf Gott. Man könnte fast sagen: »Gott sei Dank!« Oder ist diese Tatsache doch so gravierend, dass man eher »*Oh my God!*« rufen sollte?

Politik gegen den Glauben

Seit einigen Jahren erzählen mir Kirchenvertreterinnen und -vertreter, dass ihre sozialen Institutionen, also Diakonie und Caritas, immer wieder ins Zentrum der Kritik seitens politischer Vertreter geraten. Ein Phänomen, das besonders sichtbar wurde, als jüngst Politiker des rechts-konservativen Lagers die katholische Caritas und die evangelische Diakonie attackierten und beide Anti-Abschiebe- oder Asylindustrie nannten.

Seit dem Ende des Zweiten Weltkrieges wurde die soziale Arbeit der Kirchen von den Regierungen in Deutschland und Österreich sehr geschätzt. Man betrachtete Caritas und Diakonie als Partner im sozialstaatlichen Gefüge. Mit ihren Seniorenresidenzen, ihren Krankenhäusern, ihren Bildungseinrichtungen, den Schlafstätten für Obdachlose und der Betreuung und Integration von Geflüchteten – um nur einige Beispiele zu nennen – nahmen sie dem Staat viele Aufgaben ab. Und der Staat wusste das zu schätzen.

Warum engagieren sich Kirchen sozial? Warum kümmern sie sich in professionellen Einrichtungen und mithilfe ehrenamtlicher Mitarbeiterinnen und Mitarbeiter um Arme, Kranke, Benachteiligte, Kinder und Jugendliche, alleinerziehende Mütter und Geflüchtete? Es liegt an ihrem Menschenbild, demgemäß jeder Mensch ein Ebenbild Gottes ist. Daraus leiten sie die christliche Pflicht ab, für andere da zu sein, sich um Bedürftige zu kümmern.

Die Nächstenliebe ist seit den Tagen des frühen Christentums einer der drei Pfeiler christlichen Glaubens. Die anderen sind die Feier des Gottesdienstes und Zeugnis zu geben von der Liebes- und Friedenslehre des Jesus von Nazareth.

Das heißt: Ohne die tätige Nächstenliebe ist im Verständnis der Kirchen der christliche Glaube nicht vollständig. Das heißt aber auch, dass sich die Kirchen die Verpflichtung auferlegt haben, Stimme für alle Ausgegrenzten zu sein.

Solange Menschen an einen liebenden Gott glauben, der Leben schenkt und nicht zerstört und dessen erste Eigenschaft Liebe und nicht Hass ist, werden sie auch an der unantastbaren Würde jedes einzelnen Menschen festhalten und den Auftrag verspüren, sich anderen Menschen in Liebe und Respekt zuzuwenden.

Mit dieser Haltung können sie in Konflikt mit jenen gesellschaftlichen und politischen Gruppierungen geraten, deren Interesse nicht in erster Linie dem sozialen Ausgleich, der Gerechtigkeit und der Bewahrung der Schöpfung gilt, sondern einzig ihrem ökonomischen Erfolg und ihrer Macht. In der lateinamerikanischen Befreiungstheologie der 1960er, 70er und 80er Jahre gab es dafür einen Ausdruck, der heute selten geworden ist: die »Option für die Armen«. So war es nicht weiter verwunderlich, dass Morde an Priestern der Befreiungstheologie von mächtigen Großgrundbesitzern in Auftrag gegeben wurden. Biblische Texte wurden zur Grundlage der Befreiungstheologie: »Er stößt die Mächtigen vom Thron und erhebt die Niedrigen. Die Hungrigen füllt er mit Gütern und lässt die Reichen leer ausgehen.« (Lukasevangelium 1, Vers 53)

Welcher Ausbeuter und Sklavenhalter, welcher Profiteur »auf Teufel komm raus« lässt sich so etwas gerne sagen?

Doch warum greift die Politik die Kirchen jetzt an? Die Antwort auf diese Frage ist klar. Eine Politik, die anderes im Sinn hat, als sich um Verfolgte, Arme und Kranke zu kümmern, will naturgemäß alle moralischen Instanzen, sowohl einzelne Menschen als auch Institutionen, die Vorbilder sein könnten, diskreditieren.

In der Geschichte der Kirchen gab es Gewalt und Verfolgung. Und in manchen Kirchen herrscht immer noch eine gewisse Engstirnigkeit und Bigotterie vor. Am Beispiel des *Opus Dei* oder mancher nationalen, orthodoxen Kirchen zeigt sich bis heute die schicksalhafte und eigentlich mit dem Christentum nicht vereinbare Allianz zwischen weltlicher Macht und Kirchen. Aber grundsätzlich steht die Überzahl der christlichen Kirchen heute für Menschenrechte und für Menschenwürde ein. Menschenrechte und Menschenwürde stehen der Profitmaximierung und dem ökonomischen Effizienzdenken im Wege. Sei es bei der sparsamen und dadurch ertragreichen Führung von Altenheimen oder bei der Ausbeutung von Rohstoffen in Ländern der sogenannten Dritten Welt. Nächstenliebe lässt sich nicht in Gold aufwiegen. Wenn Menschen an einen Gott glauben, der die Mächtigen vom Thron stößt und die Niedrigen erhebt, hat das Mantra der Alternativlosigkeit ausgedient und keine Macht mehr über diese Menschen.

Im Grunde attackiert die Politik die Kirchen also deshalb, weil jene für die Unantastbarkeit der Würde des Menschen stehen und dem Unverfügbaren Raum geben.

Derlei Angriffe auf moralische Vorbilder sind nicht neu. Wann immer ein ethischer Paradigmenwechsel stattfinden sollte, gerieten die Vorbilder der bestehenden Ethik in die Kritik, mussten sie dekonstruiert werden.

Die dabei angewandten Strategien können brachial oder subtil sein. Denken wir an die vielen katholischen und evangelischen Pfarrer, die während der Nazi-Zeit ermordet wurden. Denken wir an den charismatischen Baptistenprediger Dr. Martin Luther King, den am 4. April 1968 ermordeten Führer der amerikanischen Bürgerrechtsbewegung, dem Drogen- und Sex-Exzesse nachgesagt wurden, um seinen moralischen Ruf zu ruinieren. Oder denken wir an den israelischen Schriftsteller Amos Oz, den Begründer der israelischen Friedensbewegung *Peace now* – die ultranationale, rechte politische Gruppierung *Im Tizur* erklärte ihn gemeinsam mit über hundert anderen israelischen Intellektuellen zum Feind Israels, weil er sich für Frieden mit den Palästinensern einsetzte. Wenn also dem Direktor der Caritas Österreichs von Rechtspopulisten der Vorwurf gemacht wird, es sei Profitgier, die die Caritas bei ihrer Arbeit mit Geflüchteten antreibe, sagt das mehr über die Rechtspopulisten aus, als über die Caritas und ihren Direktor.

Gibt es auch ohne Gott Moral?

Eine Frage, die sich der Religionssoziologie und der Theologie schon seit Jahren, besonders aber im Zusammenhang mit offenen Angriffen der Politik auf die Kirchen aufdrängt, lautet: Brauchen wir Religion für unseren gesellschaftlichen Zusammenhalt? Die Dogmen brauchen wir nicht mehr, darüber herrscht weitgehende Einigkeit. Aber die Frage meint auch: Gibt es ohne Gott Moral?

Häufig zu dieser Frage durchgeführte Studien konnten nicht bestätigen, dass Nichtgläubige unglücklicher wären, unmoralischer und zu altruistischen Handlungen weniger fähig. Die Frage, wer heute noch wie und warum religiös ist und wie es um die Zukunft religiöser Institutionen steht, diskutieren trotzdem längst nicht mehr nur die theologischen Fakultäten der Universitäten oder die strategisch-seelsorglichen Management-Kreise der christlichen Kirchen. Angesehene internationale und deutschsprachige Medien befassen sich im Wochentakt mit Säkularisierung und Glaubensverlust, mit Kirchenaustritten und dem schwindenden religiös-biblischen Wissen. Das »Verschwinden der institutionalisierten Religionen«, ist, wie die gleichzeitige Zunahme eines gewaltbereiten religiösen Fanatismus, an vielen Orten der Welt zum Top-Thema und Forschungsgegenstand der Soziologie geworden.

Eine im November 2018 veröffentlichte Wertestudie des Forschungsverbunds *Interdisziplinäre Werteforschung der Universität Wien* ergab, dass sich zwei Drittel der Österreicherinnen und Österreicher als religiös verstehen, die persönliche Religiosität sich aber immer mehr von den religiösen Institutionen entkoppelt. Nur vier Prozent der in dieser

Langzeitstudie Befragten gaben an, Atheisten zu sein. Immerhin: 73 Prozent glauben an Gott.

Auf die Frage, wie dieser Gott nun vorzustellen sei, geben 48 Prozent an, dass es »irgendein höheres Wesen oder eine geistige Macht« gibt. Immerhin 31 Prozent glauben an einen »persönlichen Gott« . Das Umfrageergebnis zur Existenz von Himmel und Hölle finde ich besonders interessant: Mehr als 60 Prozent der Befragten glauben nicht, dass es einen Himmel gibt. Die Ablehnung der Hölle ist mit 74 Prozent noch höher. Immerhin: 16 Prozent beten täglich, 30 Prozent nie.

Den Satz, das Leben trage seinen Sinn in sich selbst, bejahen mehr als 80 Prozent. Der Sinn des Lebens ist das Leben, so ließe sich das auch formulieren. Das ist eine Aussage, die religiöse und nicht religiöse Menschen treffen können. Was sie nicht beantwortet, ist die Frage, nach welchen Prinzipien, nach welchen moralischen und ethischen Grundsätzen wir leben. Und was die Quelle dieser Prinzipien ist.

Das Beispiel des sehr säkularen Schwedens scheint zu zeigen, dass es auch ohne Gott Moral geben kann. Ein starker und umfassender Sozialstaat deckt dort in Zusammenarbeit mit einem ebenso starken Rechtsstaat viele Bedürfnisse der Bürgerinnen und Bürger ab. Gesellschaften sind somit auch ohne Religion stabilisierbar, manchmal sogar besser als religiöse Gesellschaften. Es besteht, so gesehen, also kein Grund zur Sorge um Ethik und Moral im säkularen Zeitalter. Doch die eigentliche Frage, die es zu beantworten gilt, lautet: Was ist uns heute noch heilig?

Alles Gute und Schöne

∞

Was uns noch heilig ist

Im Jahr 2004 reiste ich im Auftrag des ORF nach Mali. Ich machte dort auf den Spuren des deutschen Afrikaforschers Heinrich Barth einen Dokumentarfilm über Land und Leute. Mein Kamerateam und ich flogen also von Wien über Paris nach Bamako, die Hauptstadt Malis. Von dort ging es weiter mit dem Auto in die 650 Kilometer entfernte Stadt Mopti, wo wir eines der traditionellen Boote, eine Pinasse, bestiegen, um auf dem Niger in die 400 Kilometer entfernte Stadt Timbuktu zu schippern.

Auf dem Weg nach Mopti besuchten wir auch die Stadt Djenné. Sie ist wegen ihrer Lehmarchitektur weltberühmt.

Gebäude, wie die mittelalterlichen Bürgerpaläste und die traditionsreichen Koranschulen, erinnern bis heute an die ehemalige kulturelle Hochzeit des Mali- und Songhay-Reiches ab dem 14. Jahrhundert.

Ein besonderes Herzstück der Stadt und der gesamten Region oder vielleicht ganz Malis ist die berühmte Große Moschee, ein Lehmbau wie alle anderen Gebäude Djennés. Einmal im Jahr, meistens im April, reparieren die Bewohnerinnen und Bewohner die Moschee. *Crepissage* heißt dieses große Fest. Musik und Essen erleichtern die Arbeit. Die Moschee ist etwa 1.600 Quadratmeter groß und zählt zu den berühmtesten Bauwerken Afrikas. 1988 wurde sie von der UNESCO zum Weltkulturerbe ernannt. Nicht nur für religiöse Menschen ist dieses wunderschöne Gebäude also von hoher Bedeutung, es ist auch ein kulturelles Erbe der gesamten Menschheit.

Für meinen Dokumentarfilm wollte ich unbedingt in dieser atemberaubenden Moschee drehen. Als ich mich um eine Drehgenehmigung bemühte, stellte sich heraus, dass das nicht so leicht war. Man habe schlechte Erfahrungen mit den Europäern gemacht, hieß es in der zuständigen Behörde.

Was war geschehen? Eine Art »Entheiligung«, könnte man sagen. Ein paar Jahre zuvor hatte eine italienische Modekette um viel Geld die Moschee gemietet, um darin Fotoaufnahmen machen zu können. Halbnackte Models hatten sich in den heiligen Räumen gerekelt, die Crew Lärm gemacht und Schmutz hinterlassen.

Die Menschen von Djenné hatten so etwas nicht erwartet und waren empört gewesen. Das konnte ich verstehen. Wie abgestumpft gegenüber allem muss man sein, fragte ich mich, um so etwas zu tun? Erst nach stundenlangen Gesprächen – man wollte gar kein Geld von mir – bekam ich die ersehnte Drehgenehmigung. Eine halbe Stunde – wenig Zeit für meinen Kameramann und mich. Aber: ein bis heute unvergessliches Erlebnis.

Die Stille dieses Raumes, die beinahe himmlische Stimmung, durch verschiedenste Lichteinfälle verursacht, die Geräusche, die von außen in die Moschee drangen, die Andächtigkeit der betenden Männer – all das hatte eine mir so nicht bekannte Intensität und berührte mich tief in meiner Seele. Wahrscheinlich werde ich noch in meiner letzten Stunde an die Moschee von Djenné denken.

Die fragile Heiligkeit

Anders als man vielleicht annehmen würde, ist Heiligkeit fragil, zerbrechlich und verwundbar. Denn auch das, was Menschen heilig ist, änderte sich immer wieder im Laufe der Geschichte. Was aber bedeutet es, wenn wir von etwas sagen, dass es heilig ist?

Es bedeutet, dass wir Personen, Ideen oder Dinge, die unserer Meinung nach intensive Verehrung verdienen, als unverfügbar und unveränderlich verstehen. Das Gegenteil davon ist die »Entheiligung«. Sie wiederum bedeutet, dass wir den Personen, Ideen oder Dingen dieses Unverfügbare, Unveränderliche absprechen. Wenn wir als Gesellschaften etwas für heilig erachten, dann bedeutet das auch, dass wir uns auf gemeinsame Texte, also einen Kanon, auf Ritualisierungen, zum Beispiel in Form von Feierlichkeiten an bestimmten Tagen oder zu bestimmten Zeiten des Jahres, aber auch auf die gemeinsame Verehrung von Bildern oder Gegenständen einigen. Das heißt: Dadurch, dass wir etwas für heilig erklären, bilden wir eine Gemeinschaft. So zumindest erklären es uns die Religionssoziologie und Religionsgeschichte.

Das gilt auch für das Gegenteil: Wenn wir etwas entheiligen, zerstören wir eine bis dahin bestehende Gemeinschaft. Die Mitglieder ordnen sich in neuen Gemeinschaften an, die nun ihrerseits etwas Anderes, Neues für heilig erklären. Jene Personen, Dinge oder Ideen, die die alten Heiligtümer stürzten, werden die Heiligtümer der neuen Gemeinschaft.

Die Naturwissenschaft hat Theologie und Philosophie abgelöst. Nun löst Big Data die traditionelle Naturwissenschaft ab. Was wir erleben, diese Neuordnung von Ideen und Dingen, ist seit dem Bestehen der Welt schon hunderte, tausende Male geschehen, wenn vielleicht auch nicht so rasant, was nichts an den Fragen ändert, die wir jetzt beantworten müssen. Welche Dinge, Personen und Ideen, die uns bisher heilig waren, werden wir aufgeben, hinter uns lassen? Und was soll uns in Zukunft heilig, also unverfügbar und unantastbar sein?

Ich denke und glaube, dass viele Menschen sich heute genau darüber den Kopf zerbrechen. Heilige Ordnungen geben uns Orientierung. Wir haben etwas, worauf wir uns verlassen können. Und warum brauchen wir Verlässlichkeit? Weil wir sonst nicht blühend leben können. Ohne Verlässlichkeit und Vertrauen leben wir im Dauerstress. Auch unsere Körper reagieren darauf mit dem hormonellen Notfallprogramm.

Das fehlende Heilige

Das Heilige, das in den vergangenen Jahrzehnten seine Gültigkeit verloren hat, fehlt mir. Dazu gehört zum Beispiel die absolute Unantastbarkeit der Würde jedes einzelnen Menschen. Denn mit der Infragestellung von Menschenrechten wird auch die Würde des Menschen angegriffen.

Ein anderes Beispiel wäre die fast schon sakrale Verpflichtung, einem anderen Menschen in Lebensnot zu helfen. Demokratisch gewählte, aber nicht demokratisch regierende Politiker fordern uns auf, diese Pflicht zu unterlassen und erklären uns sogar, dass die Ausübung dieser Pflicht eine Straftat sei.

Wir sollen einander nicht mehr helfen, nicht mehr solidarisch sein? Und was sollen wir in Zukunft von jenem Satz denken, der seit Steven Spielbergs Spielfilm *Schindlers Liste* weltberühmt und viel zitiert ist? »Wer auch immer ein einziges Leben rettet, der ist, als ob er die ganze Welt geretttet hätte.« Der Satz steht in einem der bedeutendsten Schriftwerke des Judentums, dem Talmud. Und weiter heißt es dort: »Die Gerechten aus den Völkern haben einen Platz in der kommenden Welt«.

Jenen, die andere Menschen retten, verspricht der Talmud also einen Platz im Himmel, in der neuen Welt. Doch in unserer Welt der leergeräumten Himmel, des Big Data, der künstlichen Intelligenz braucht es keine Retter mehr?

Was geht in den Köpfen junger Menschen vor, die erleben, dass jemand, der Leben rettet, vor Gericht gestellt und eventuell auch verurteilt wird? Welche Vorbilder haben sie? Wie können sie ihren Charakter bilden?

Viele Jahre lang wusste ich gar nicht, dass mir das Heilige fehlt. Das hat wohl auch damit zu tun, dass es im Protestantismus, dem ich entstamme, nicht so viel Heiliges gibt. Weder kirchliche Orte noch religiöse Funktionsträger sind für uns heilig. Kirchen sind Orte, an denen man zum Gottesdienst zusammenkommt, haben also eine pragmatische Aufgabe zu erfüllen. Pfarrerinnen oder Pfarrer haben ein Amt zu leiten. Man hat Respekt vor den menschlichen Qualitäten und der Gelehrsamkeit der Amtsträgerinnen und Amtsträger, aber mehr nicht.

Nicht einmal die Bibel ist im engsten Sinne heilig. Ja, es ist die »Heilige Schrift«. Aber spätestens seit der sogenannten historisch-kritischen Forschung des 19. und frühen 20. Jahrhunderts wissen wir, dass diese Texte von Menschen für Menschen geschrieben wurden, dass sie hinterfragbar und vor dem Hintergrund unserer heutigen moralischen und ethischen Werte auch kritisierbar sind.

Würde mich jemand fragen, was mir heilig ist, hätte ich lange Zeit geantwortet: das Leben als solches. Die Gemeinschaft von Menschen. Die Solidarität zwischen ihnen. Ein gutes Gespräch. Eine seelische oder körperliche Berührung. Warmherzigkeit und tiefes Mitgefühl, Menschenrechte und Menschenwürde, Respekt und das Recht auf Selbstbestimmung. Aber ich habe festgestellt, dass sich mein Verständnis des Heiligen in den vergangenen Jahren erweitert hat. Dazu trug eine Reise nach Amsterdam im September 2015 bei.

Die heilige Schönheit

In Amsterdam traf ich die aus Deutschland stammende Juristin Birgit Böhler. International wurde sie als Verteidigerin von Abdullah Öcalan, dem Führer der kurdischen Arbeiterpartei PKK, bekannt. In jenem Jahr 2015 schrieb sie unter einem Pseudonym einen Kriminalroman, in den ihre Erfahrungen einflossen. Ich führte mit ihr ein interessantes Gespräch über misslungene Integration in Europa und über die als sicherheitspolitische Notwendigkeiten getarnten Lügen der sich an der aufgeheizten Situation in Europa profilierenden Geheimdienste.

Nach dem Interview, noch benommen von den desillusionierenden Tatsachen, die mir die Rechtsprofessorin der Amsterdamer Universität berichtet hatte, ging ich ins Rijksmuseum. Ich wollte, wie alle anderen auch, die Gemälde des Rembrandt van Rijn sehen: *Die Nachtwache* aus dem Jahr 1642 oder *Die Vorsteher der Tuchmacherzunft von 1662*. Aber der Rembrandt-Saal war mir zu voll und zu laut.

Auf der Flucht vor den Kulturtouristen, derer auch ich einer war, gelangte ich durch Zufall ins Untergeschoss des ehrwürdigen Hauses. Dort sind die großen holländischen und flämischen Meister des frühen 15. Jahrhunderts ausgestellt. Ein Bild zog mich dermaßen in seinen Bann, dass ich eine Stunde lang versank, ohne irgendetwas von meiner Umgebung wahrzunehmen.

Es war einer dieser seltenen und seltsamen Momente, in denen wir Erkenntnisse haben, die sich in Sprache kaum mitteilen lassen. Es war eine Begegnung mit dem Unverfügbaren.

Mit offenem Mund saß ich vor dem Gemälde mit dem Titel *Die heilige Verwandtschaft*, dem Werk eines Laienbruders des Johanniterklosters in Haarlem. Sein Name war Geertgen tot Sint Jans und er gilt als Hauptmeister der holländischen Malerei des 15. Jahrhunderts. Vermutlich verstarb er 1495, 28 Jahre alt.

Vor meinen Augen tat sich das Mittelschiff einer hochgotischen Kathedrale auf. Im Hintergrund verdeckten ein Altar und ein dahinter hängender Gobelin die Apsis. Um den Altar steht priesterliches Personal. Das Zentrum des Bildes bilden fünf Frauen, fünf Kinder und zwei Männer, die zum Teil sitzend, zum Teil stehend sich hier versammelten. Sie alle sind direkte Verwandte Jesu. Anna, die Mutter der Maria, daneben Maria mit dem Jesuskind auf ihrem Schoß. Hinter den beiden Frauen stehen, schon im Seitenschiff, die beiden Ehemänner Joachim und Joseph. In der rechten Bildhälfte Elisabeth, Marias Cousine und Mutter des Täufers Johannes, den sie in ihren Armen hält und der mit kleinen, dicken Fingern auf seinen Cousin zeigt.

Hinter Elisabeth sitzt Maria Kleopas, eine Verwandte und Jüngerin Jesu, sowie Maria Salome. Nach frühmittelalterlicher Legende war sie eine Halbschwester Marias, die sich nach der christlichen Überlieferung nach der Kreuzigung Jesu mit den anderen Frauen unter dem Kreuz einfand. Die drei in der Mitte der Kathedrale spielenden Kinder identifizieren Kunsthistoriker als Simon den Zeloten, den Evangelisten Johannes und Jakobus den Älteren.

Es brauchte eine Weile, bis ich das Bild zur Gänze wahrgenommen hatte und verstand. Ich schaute mir die Gesichter und Gesten an, versuchte zu analysieren, wie die Figuren zueinander in Beziehung standen und was mir dieses Bild über die Lebensweise der am Ende des 15. Jahrhunderts in Haarlem lebenden Menschen sagte.

Die Szene wirkte absurd. So, als hätten sich die Abgebildeten zu einem Familienfoto beim Stadtfotografen eingefunden. Der kirchliche Raum war nur die Rolltapete im Hintergrund. Dieser Gedanke erlaubte mir, das wahrzunehmen, was die dargestellten Menschen ausstrahlten. Mein Blick glitt über die Stoffe, die Kleider, den Haarschmuck, die Schuhe. Was für Stoffe! Was für Schnitte! Wie würdevoll erschienen die Personen. Ihre Schönheit!

In dieser Schönheit steckt etwas Heiliges, wurde mir klar. Die Stunden, die ein Mensch damit verbringt, solch wertvolle Kleidung herzustellen, sind unsichtbar in dieser Kleidung anwesend. Diese Schönheit wirkt nicht nur auf jene zurück, die diese Kleidung tragen, sondern auch auf alle, die sie betrachten. Solche Kleidung ist auch eine Art von Verkleidung, das schon. Und sie sagt auch etwas über den sozialen Status der Dargestellten aus. Aber sie ist auch der Ausdruck einer Wertschätzung sich selbst und den Mitmenschen gegenüber.

Ich dachte darüber nach, was an unserer Kleidung klebt. Es ist das Elend von Menschen, die zum Profit der Textilunternehmer nicht einmal ihre basalen Bedürfnisse befriedigen dürfen und so wenig verdienen, dass sie davon kaum leben können. Die Kleider, die global agierende Textilmultis unter widrigen Umständen herstellen lassen, sind hässlich. Sie repräsentieren das grausame System der Sklaverei, der Ausbeutung, das uns, die wir in diesem System der billigen Bekleidung mitmachen, selbst auch hässlich werden lässt.

Ich weiß um die Arbeitsbedingungen in der Textilindustrie. Arbeiterinnen- und Arbeiteraufstände brachten bereits leichte Verbesserungen. Aber sind dort Gewerkschaften zugelassen? Und ist nicht sogar in Europa seit den 1980er Jahren die Macht der Gewerkschaften unter dem Druck der neokapitalistischen Effizienzdoktrin geschwunden?

Noch leben wir in Demokratien, mit Menschen- und Arbeitsrechten. Aber wir akzeptieren direkt auf unserer Haut Kleidung, die unter unmenschlichen Bedingungen gefertigt wird. Seit dem Beginn der 1990er Jahre entwickelte sich die globale Textilindustrie zu einer ökologischen und humanen Belastung ungeheuren Ausmaßes. Ihr einziger Motor ist die Gier, und diese Gier wirkt sich auch auf uns aus.

Mir wurde in Amsterdam klar, dass nicht nur die Weltenteignung, das heißt die Privatisierung der Welt, zunimmt, sondern auch die Weltverhässlichung und das nicht nur durch ökologische Wahnsinnstaten, sondern auch aus Verachtung der Besitzenden gegenüber den Nicht-Besitzenden. Denn Schönheit ist zunehmend reserviert für Menschen mit Geld. Alle anderen müssen sich mit weniger schönen Billigprodukten in schlechter Qualität zufriedengeben. Mir wurde auch klar, dass das etwas mit Transzendenz und ihrem Verlust zu tun hat.

Die Bedeutung der Schönheit und ihren Zusammenhang mit dem Transzendenten können wir schon bei Platon finden. Über die Erfahrung der körperlichen Schönheit, angesiedelt im Eros, gelangen wir laut dem antiken griechischen Philosophen zu einem Verständnis der schönen Taten und Gedanken und schließlich zu der Erkenntnis, dass es die Idee des Schönen ist, die allem Schönen in der uns wahrnehmbaren Welt zugrunde liegt. Es ist die Schönheit, die das Wesen aller Ideen ausmacht. Und es ist das

Gute, das die spezifische Tauglichkeit einer Idee definiert. Nicht umsonst sagen wir bis heute im Deutschen: Das ist ja alles schön und gut!

Mein magischer Moment im Amsterdamer Rijksmuseum machte es mir möglich, zu formulieren: Hässlichkeit in den Dingen ist ein Zeichen der Begrenzung, ein Zeichen der Verachtung. Sie ist kein Weg zum Transzendenten, sie lässt uns nicht wachsen. Sie lässt uns vergrauen, verstummen, verblassen und eventuell auch verzweifeln. Schönheit ist nicht spießig und auch kein Luxus. Sie ist im wahrsten Sinne des Wortes ein »Lebens-Mittel«. Heiligkeit und Schönheit im platonischen Sinne gehören zusammen. Hässlichkeit repräsentiert eine andere Denk- und Lebensweise, einen anderen Geist. Würde mich heute jemand fragen, was mir noch heilig ist, würde ich nach wie vor sagen: die Gemeinschaft von Menschen und die Solidarität zwischen ihnen, ein gutes Gespräch, eine seelische oder körperliche Berührung, Warmherzigkeit und Mitgefühl. Doch ich würde es ergänzen um »alles Schöne und Gute«.

Heilige Momente ohne Gott

Vor einigen Jahren hatte ich ein weiteres Erlebnis, das die Frage, was uns noch heilig ist, für mich in ein neues Licht rückte. Ich machte damals ein Filmportrait über Benni Katzenelson, Mitglied eines Kibbutzes (gemeinschaftliche Siedlung mit gemeinsamem Besitz) nördlich der israelischen Stadt Tel Aviv. Weder Benni noch seine Familie waren, wie es in den linken Kibbuzim bis heute mehrheitlich üblich ist, religiös. Während der Dreharbeiten hatte der damals 65-jährige Benni bereits Lungenkrebs und es war klar, dass er nicht mehr lange leben würde. Er litt unter dem Wissen, dass er bald seine Familie und auch, wie er sagte, »diesen wunderbaren Ort und dieses wunderbare Land, von dem wir niemals gedacht hätten, dass es Wirklichkeit werden könnte«, verlassen und nicht mehr wiedersehen würde.

Seine älteste Tochter, Jehudit, die ich bis dahin als völlig unreligiösen Menschen erlebt hatte, sagte zu meiner Überraschung im Interview: »Gerade in dieser Situation wünschte ich, ich könnte an Gott glauben. Aber es geht nicht, wir sind nicht religiös.«

Als Benni ein Jahr später starb, saßen seine Frau Rahel, seine vier Kinder, viele seiner Enkelkinder und einige *Chaverim we Chaverod* (Genossen und Genossinnen) aus dem Kibbutz an seinem Bett.

Auch ich war anwesend. Es war die erste Todeserfahrung meines Lebens. Wir alle begleiteten Benni »hinüber«. Viele Hände berührten seinen Körper. Es war still im Raum, aber jeder war ganz anwesend, ganz da. Dieses Beieinandersein war ein großer Trost für alle.

Dann kam der Moment. Benni atmete noch einmal tief ein. Dann aus. Und mit dem Ausatmen starb er. Es war ein ganz sanftes Stöhnen. Einen Augenblick später war der

Körper, der dort lag, leer. Es war ein Körper ohne Seele. Wir alle spürten das.

Es war ein sehr menschlicher und würdevoller Moment. Ohne Gebet, ohne Geistlichen, ohne Pathos sagten wir einfach Danke für die gemeinsamen Jahre und ließen Benni und uns selbst in diesem Moment nicht allein.

Unvergesslich.

Nach der ebenso würdevollen wie feierlichen Beerdigung am nächsten Tag, bei der jeder, der wollte, mit den Trauernden Erinnerungen an Benni teilte, Witze erzählte oder davon sprach, was er von Benni gelernt habe, begann die Shiwa, ein im Judentum übliches Trauerritual. Sieben Tage lang sitzt die Familie im Haus des Verstorbenen und empfängt Gäste, die kommen und gehen, wie sie wollen. Sie bringen Essen mit, man erzählt sich Geschichten, hört Musik, redet von Politik und vom Alltag der Familien. Der Verstorbene ist immer anwesend, aber auch das Leben der Lebenden geht weiter.

Ich erzähle das so ausführlich, weil mich dieser Tod, diese Beerdigung und alles, was bis zum heutigen Tag danach kam, sehr beeindruckt und in gewisser Weise auch verändert haben. Niemand sprach von Gott, von Erlösung, von Schuld oder Sühne, von Auferstehung oder ähnlichen Dingen. Alle sprachen von einem Menschen, der durch das Erzählen in der Erinnerung bis heute ganz präsent ist. Und sie redeten vom viel zu frühen Tod als etwas, das trotz allem zum Leben dazugehörte. Würdevoll, menschlich.

In einer gewissen Weise empfand ich dieses Erlebnis trotz seiner »Religionslosigkeit« als im besten Sinne heilig. Ich könnte es auch Selbsttranszendenz nennen. Und das erlebten wir alle so, die in diesen sieben Tagen und von da an miteinander um Benni trauerten. Da leuchtete etwas aus den Worten und dem Verhalten der Freundinnen und Freunde heraus, das weit über das rein Materielle reichte.

Indem wir von Bennis vielfältigen Begabungen und sozialen wie intellektuellen Fähigkeiten sprachen, von seinen Utopien und Idealen, auch über seine Schwächen und Tolpatschigkeiten lachten und uns daran erinnerten, wen er einst mit wem versöhnen konnte, waren wir ergriffen. Wir ahnten alle, dass wir einen Blick in eine andere auch wahre Welt geworfen hatten, die von nun an unsere Wahrnehmung verändern würde.

Seit jenen Tagen im August 1999 begeht die Familie Katzenelson wie alle jüdischen Familien, religiös oder nicht, den Jahrzeittag. Man trifft sich am Grab, liest Texte vor oder erzählt Erinnerungen, isst gemeinsam und blättert im Familienalbum. In der Erinnerung lebt der Tote weiter, man bleibt mit ihm im Gespräch. Er ist fort und doch da. Er wird in seiner Lebenszeit wahrgenommen, nicht in seinem Tod. Und er wird als einer wahrgenommen, mit dem man in Beziehung stand. Diese Beziehung, von der in den Erinnerungsmomenten gesprochen wird, wird auch mit dem Tod nicht beendet. Und so trösten einander die Hinterbliebenen als Menschen, die mit einem, der nun fehlt, in Beziehung standen.

Die eindimensionale Heiligkeit der Kirche

In unserem Kulturkreis, im Christentum, habe ich solche Dinge sehr oft anders erlebt. Zum Beispiel beim Tod meiner eigenen Mutter. Ich war damals 26 Jahre alt und schwanger mit meiner Tochter. Meine Mutter war nach kurzer Krankheit überraschend gestorben. Ich war darauf nicht vorbereitet gewesen. Es traf mich wie ein Keulenschlag.

Zwei Dinge beschäftigten mich in jenen Tagen und tun das bis heute: Zum einen, dass meine Mutter in ihrem irdischen Leben keine Erlösung erfuhr für ein Schicksal, das ihr im Mädchenalter widerfahren war. Von ihrem 11. bis zu ihrem 15. Lebensjahr hatte sie der zweite Mann ihrer Mutter, ihr Stiefvater, dessen Namen sie trug, sexuell missbraucht. Die Mutter bot keinen Schutz, im Gegenteil. Erst ein evangelischer Pfarrer, dem sich das Kind, das meine Mutter war, anvertraute, half ihr, dieser Hölle zu entkommen.

Im Deutschland der späten 1940er, frühen 1950er Jahre war es nicht üblich, viel über Kindesmissbrauch zu reden oder sich gar um die Opfer zu kümmern. Das musste meine Mutter selbst schaffen. Sie versuchte es auf ihre Art: Sie trat der evangelischen Kirche bei und ließ sich zu einer Gemeindeschwester ausbilden.

So lernte sie meinen Vater, den jungen Diakon, kennen, wurde seine Ehefrau, Mutter von drei Kindern und später die Frau Pfarrer, die sie sehr gerne war. Doch ihr Leben lang kam sie über das Erlebte nicht hinweg, war viel krank und starb schließlich 54-jährig, viel zu früh, wie ich bis heute denke.

Als ich an ihrem Grab stand, bemerkte ich, dass ich auch keine Hoffnung darauf setzte, dass sie im Himmel erlöst würde. Ich wünschte und wünsche bis heute, das Diesseits wäre besser zu ihr gewesen – und es war und ist mir völlig klar, dass das Jenseits nichts wiedergutmachen kann.

Das Zweite, das mich beschäftigte, und worauf mir viele Jahre später meine Erfahrungen bei Bennis Tod Antworten gaben, war die Unfähigkeit vieler Menschen, mit dem Tod anderer und vor allem mit deren trauernden Angehörigen umzugehen. Viel Schweigen herrschte damals vor. Keiner der Trauergäste am Friedhof erzählte mir von seiner Beziehung zu meiner Mutter. Nur wenige nahmen mich in den Arm. Das hätte doch gereicht. Berührung. Empathie. Selbstlosigkeit. Gemeinschaft. Das ist es, was wir brauchen, oder was zumindest ich in dieser Situation gebraucht hätte.

Die Predigten und Gebete während der Trauerfeier und des Begräbnisses kamen mir ganz hohl vor. Was hatte das alles hier mit Gott und Jesus zu tun, fragte ich mich. Nichts davon beschrieb das Leben meiner Mutter. Und wenn man von ihr sprach, dann nur aus der Perspektive ihres Todes, nicht aus der Lebendigkeit ihres Lebens. Es störte mich auch, dass nur Männer sprachen, ein Pfarrer, ein Superintendent. Würdevoll und freundlich. Aber keine Freundin, nicht die Bäckersfrau, bei der meine Mutter jeden Tag das Brot kaufte. Nicht die ältere, kettenrauchende, wunderbare

Nachbars-Pfarrfrau, mit der sie so oft in der riesigen Küche unseres Pfarrhauses gesessen und über das Pfarrhausleben, die pfarrherrlichen Ehemänner, die pubertierenden Kinder und die dazugehörigen Depressionen gesprochen, gelacht, geweint und gestöhnt hatte.

Erwähnte jemand, dass Mutter nichts lieber tat, als Bachs Kantaten zu hören und sie diese unendliche Liebe an mich weitergegeben hatte? Ich glaube nicht. Ihr toter Körper wurde an eine höhere Macht übergeben. Das war's. Mit dem Leichnam, so schien es mir, trugen viele auch ihre Beziehung mit und zu meiner Mutter zu Grabe.

Das einzige, woran ich mich festhalten konnte in diesem furchtbaren, wenn nicht furchtbarsten Moment meines bisherigen Lebens, waren die Rituale des Gottesdienstes und der Beerdigung, die mir aus meinem Leben als Pfarrerskind vertraut waren. Ich kannte die Lieder und Gebete auswendig, wusste, wann man aufstehen und wann man sich setzen sollte. Ansonsten wusste ich gar nichts. Gott war mir kein Trost. Beziehung zu erleben wäre mir Trost gewesen.

Von dieser Erfahrung, um nicht zu sagen, von dieser Erkenntnis aus ging ich dann in meinem Leben weiter. Heilig, göttlich würde für mich ab jetzt nur noch etwas sein können, das Beziehung, vertrauensvolle Beziehung ist und herstellt, beschloss ich an jenem Tag, an dem meine Mutter beerdigt wurde. Dogmen hatten für mich ausgedient. Das empfinde ich bis heute als Befreiung. Jede Art von Religion hat für mich seither nur mehr dann Sinn, wenn sie Menschen zu beziehungsfähigen, empathischen Wesen macht. Ich bin nicht religiös im traditionellen Sinn, aber ich habe großen Respekt vor allen Männern und Frauen, deren religiöser Glaube zu solidarischem, mitmenschlichem Handeln führt.

Menschen, die von sich selbst denken, dass sie Gottes Geschöpfe sind, werden für mich erst dann glaubwürdig, wenn sie auch allen anderen Menschen auf der Welt diesen auserwählten Status zubilligen. Denn in meinem Weltbild passt es nicht zusammen, dass einer sich Christin oder Christ nennt und kein Problem damit hat, mit seinem Handeln anderen Menschen zu schaden, andere wegen ihres Geschlechts, ihrer Hautfarbe, ihrer Religion oder ihres sozialen Status auszugrenzen, Armut zu erzeugen und die Umwelt zugunsten von Gewinnmaximierung zu zerstören.

Eine persönliche Frage

Der Tod von Benni und meiner Mutter half mir nicht nur, meine Frage zu beantworten, was mir heute noch heilig ist. Beides stellte mich vor eine noch größere Frage, der ich viele Jahre lang ausgewichen war. Woran können wir heute noch glauben, lautet sie, an welche Art von höherer Macht? Woran kann ich heute noch glauben?

Mein neuer Gott

∞

Woran ich heute glauben kann

Was ist Unendlichkeit? Ich habe viele Jahre meines Lebens nicht darüber nachgedacht und es daher wahrscheinlich auch nicht so genau gewusst. Im Jahr 2007 hatte ich dann das, was man ein Burnout nennt. Die familiäre und berufliche Verantwortung, die auf meinen Schultern lag, war mir, trotz oder vielleicht gerade wegen meiner hohen Leistungsfähigkeit, auf einmal zu viel geworden. Ein erfahrener Mediziner erkannte, was hinter meinen mich unbeweglich machenden Rückenschmerzen steckte, und schickte mich ins Krankenhaus. Zwei Wochen lang sollte ich nun zur Ruhe kommen und von erstklassigen Physiotherapeutinnen wieder mobil gemacht werden. Das Krankenhaus wurde von katholischen Ordensschwestern geführt, die hinter der kleinen, anstaltseigenen Kapelle einen wunderschönen Garten bewirtschafteten. In diesem Garten, unter einem der vielen Apfelbäume liegend, hatte ich in jenem Frühsommer 2007 eine Einsicht. Unfähig zu allem anderen, lag ich nur so da und beobachtete, wie der Wind mit den Blättern des Baumes spielte. Vögel flogen heran und ließen sich nieder, hoben sich wieder in den Himmel empor, und ihr Gesang mischte sich mit dem Rascheln des Laubes. Ein Geräusch, das einen in andere Sphären heben kann, wenn man ihm zuhört.

Das war es, was ich jeden Tag unter diesem Baum suchte: dieses Erleben der aktiven Natur. Ich verstand plötzlich: Dieser Baum steht hier, egal ob es mich gibt oder nicht. Dieser Wind weht, egal ob es mich gibt oder nicht. Es existiert über mich hinaus so viel, das ich gar nicht wahrnehme, von dem ich gar nichts weiß.

Der Gedanke entspannte und erleichterte mich. Denn dass es über mich hinaus so vieles gibt und ich im Vergleich dazu ganz klein bin, bedeutete ja auch, dass ich mich selbst nicht immer ins Zentrum meines Denkens rücken musste.

Das nahm Druck von meinen Schultern und machte mich gleichzeitig neugierig auf das, was da noch ist. Auch darauf, wie andere Menschen mit alldem, mit ihrer Unwissenheit darüber und ihrer Neugierde darauf umgehen, wie sie es sich erklären, welche Konzepte sie dafür entwickeln.

Denn schließlich bewegen wir uns alle im gleichen großen Kreislauf und fragen uns, wer oder was hinter diesem großen Kreislauf steht und wer ihn überhaupt erschaffen hat.

Abschied vom alten Mann mit dem Bart

Während der ersten vierzig Jahre meines Lebens war die Antwort auf diese Frage mehr oder weniger klar: Es war der Gott der Bibel, der dies alles geschaffen und so schön und klug bereitet hatte, der Gott Abrahams und Isaaks, der Gott Luthers und meiner Eltern. Von ihm kommen wir, dank ihm leben wir und zu ihm kehren wir zurück. Das war meine Sicht der Dinge. Ich hatte Bilder von diesem Gott und seinem Wirken im Kopf. Der alte, gütige Mann mit dem Bart, der sein Volk aus der Knechtschaft der Ägypter befreit und durch die Wüste geführt hat. Dazu sein Personal. Maria, Josef, Jesus, der Esel. Und auch die älteren Geschichten von der Erschaffung der Welt, der Arche Noah, der Erzmutter Sara und dem Patriarchen Abraham.

Ich fand ihn manchmal langweilig, diesen Gott, aber er war immer da. Wahrscheinlich kam die Langeweile auch daher, dass ich vieles an ihm und den Geschichten, die von ihm berichtet wurden und die in der Bibel nachzulesen waren, nicht verstand. Ich verstand zum Beispiel sehr lange nicht, was Dreifaltigkeit eigentlich ist und kann bis heute sehr gut nachvollziehen, wenn das selbst intelligente und gebildete Menschen nicht verstehen.

Ich bin, wie gesagt, als Tochter eines evangelischen Pfarrers aufgewachsen und lebte lange sehr glücklich in diesem biblischen Universum, mit all seinen Wundergeschichten und erstaunlichen Menschen. Ich hatte im Kindergottesdienst absolute Lieblingslieder. Eins davon ging so:

Lass mich an Dich glauben, wie Abraham es tat! Was kann dem geschehen, der solchen Glauben hat? Seinen Sohn führt er zum Brandaltar, zu opfern ihn wie's ihm von Gott befohlen war. Lass mich an Dich glauben, wie Abraham es tat!

Schon als Kind rang ich allerdings um meinen Glauben an diesen Gott, den ich beeindruckend fand, den ich aber nicht verstand. Wie konnte Abraham seinen Sohn zum Brandaltar führen, und würde mein Vater das auch mit mir tun, wenn Gott es von ihm verlangen würde?

Ich schrieb mir dieses Defizit selbst zu. Ich war eben nicht fähig, alles zu verstehen. Gott und Jesus konnten jedenfalls nichts dafür, dessen war ich mir sicher.

Meine Eltern erzogen uns Geschwister in den Erzählungen der Bibel. Wir beteten auch zuhause. Vor jeder Mahlzeit und am Abend, wenn wir schon im Bett lagen. Dann kam unsere Mutter, redete noch ein wenig mit uns und stimmte das Gebet an, das mich durch die Nächte meiner Kindheit trug.

Müde bin ich, geh zur Ruh,
schließe meine Äuglein zu.
Vater, lass die Augen Dein,
über meinem Bettchen sein.
Hab ich Unrecht heut' getan,
sieh es lieber Gott nicht an.
Deine Gnad und Christi Blut,
machen alle Sünden gut.
Alle, die mir sind verwandt,
Gott lass ruh'n in Deiner Hand.
Alle Menschen, groß und klein,
sollen Dir befohlen sein.
Amen.

Jeden Abend betete ich das voller Inbrunst, selbst, als ich schon lange in Wien und später in anderen Städten wohnte und Theologie studierte. Und erst recht wieder, als meine Tochter geboren wurde. Wenn ich dieses Gebet heute manchmal im Geiste anstimme, ist es ein mir sehr vertrautes Zitat, ein Teil meiner Kindheit, in der ich mich wegen dieses Gebetes geborgen gefühlt hatte.

Der Kindergottesdienst, geleitet von der Gemeindeschwester Christa, die auch mit uns im Pfarrhaus wohnte, war der absolute Höhepunkt der Woche. Ich liebte es, mich am Sonntag schön anzuziehen und ging wirklich freudig erregt in die Kirche. In einem bestimmten Moment des von meinem Vater geleiteten Gottesdienstes verließen wir

Kinder, gemeinsam mit Schwester Christa und ihrer lässig über die Schulter gehängten Gitarre, die Kirche und zogen in den Gemeindesaal. Es war mein wöchentlicher kleiner »Auszug aus Ägypten«.

Im Gemeindesaal erwartete uns eine grüne Filzwand. An ihr konnte man die aus Papier gefertigten biblischen Figuren befestigen. So erstanden sie alle, Woche für Woche: Abraham, Sarah, Isaak, Jakob, Ruth, die Moabiterin, König David und König Salomon, Jesus und seine Jünger, der Zöllner und der Mann, der sein Bett in die Hand nahm und ging, weil Jesus ihn geheilt hatte. Das war meine biblische »Wochenschau«. Kein Kino war besser.

Später, wir wohnten schon in einem Oberkärntner Bergdorf, wurde ich selbst Kindergottesdiensthelferin. Nun war es an mir, den Kindern im Gemeindesaal diese Geschichten zu erzählen. Aber da konnte ich es schon nicht mehr. Da waren schon zu viele Fragen in meinem Kopf. Und ich wollte den Kindern nicht etwas erzählen, das mir selbst immer unklarer wurde.

Mein Studium der Theologie erforderte eine Übersiedlung nach Wien. Das war das Ende meiner Karriere im Gestalten von Kindergottesdiensten. Ich war erleichtert.

Im Sommer 1998 reiste ich zum ersten Mal nach Israel. Meine Freunde und Gastgeber, die bereits erwähnte Familie Katzenelson im Kibbutz Shefayim, schickten mich mit den öffentlichen Bussen der Firma *Eggeth* durch das Land. In diesen Bussen sah ich Drusen und Araber, Soldatinnen und Soldaten der israelischen Streitkräfte IDF, alte Menschen, die aus Deutschland stammten und in Plastiktütchen ihre Brotzeit mit sich trugen, Jecke, wie man sie in Israel nannte, alle miteinander chauffiert von rasanten, älteren Chauffeuren mit bärengroßen Händen, deren Eltern einst aus Marokko oder Syrien, dem Jemen oder dem Irak nach Israel eingewandert waren. Was für eine lebendige, lustige Mischung.

Jeden Tag übernachtete ich bei einem Mitglied der großen und weit verzweigten Familie Katzenelson, die ursprünglich aus Polen nach Eretz, Israel, eingewandert war, eine gewichtige Rolle in der Kibbutzbewegung gespielt hatte und heute verstreut über das ganze Land lebt.

So kam ich auch nach Tel Hazor, eine bis heute aktive Ausgrabungsstätte im Norden Israels, die um 1800 vor unserer Zeitrechnung eine florierende kanaanäische Handelsmetropole war. Hier soll der biblische König David, der Held meiner Kindheit, einen Palast bewohnt haben.

Voller Ehrfurcht, zum ersten Mal in diesem Land zu sein, das meine Kinderseele bevölkert hatte, betrat ich Tel Hazor. Da stand ich nun, zwischen anderen Touristen, und war irgendwie enttäuscht: Dieses kümmerliche, staubige Gemäuer, das da blass in der Sonne stand, sollte der Palast König Davids gewesen sein? In meinen Vorstellungen war David zwar immer ein kleiner Mann (der große war ja Goliath), aber doch ein mächtiger König. Und da war nun dieses Palästchen. Ich war ganz erschüttert.

Ähnlich erging es mir am Jordan. Dort hat nach der biblischen Erzählung Johannes, der Bußprediger und Prophet, Jesus getauft. Wenn ich als Kind diese Geschichte hörte, dachte ich an einen großen breiten Strom, an eine biblische Donau oder einen israelischen Rhein. Doch an den Ufern des Jordans stehend, musste ich erkennen, dass er ein Rinnsal ist, in manchen Monaten des Jahres fast ohne Wasser. Darin soll Jesus getauft worden sein? Echt jetzt?

Meinen vielen, über Jahre und oft für den *ORF* getätigten Reisen nach Israel verdanke ich einige gute Erkenntnisse über meine eigene Religiosität, aber auch über Religionen im Allgemeinen. Bevor ich zu diesen Erkenntnissen vordringen konnte, musste ich aber mein Kinderglauben-Wissen erst einmal aus dem Weg räumen.

Ich vertiefte mich in die Geschichte der Region, die Geschichte des Zweistromlandes, Vorderasiens, Großsyriens. Ich studierte die Geschichte der großen Reiche, die diese Region über die Jahrtausende hinweg beherrscht haben. Die Assyrer und die Griechen, die Römer und die Mamelucken, die Kreuzfahrer und das osmanische Reich bis hin zu den europäischen Großimperien, die bis heute dort ihre Fäden ziehen.

Lawrence von Arabien, natürlich in Gestalt Peter O'Tooles, war der Held meiner ersten Jahre in Israel. Dazu die Gründerinnen und Gründer der Kibbutzim, die Chaluzim und Chaluzod, die Pioniere und Pionierinnen. Dann erweiterte sich das Bild um die Geschichte der Palästinenserinnen und Palästinenser, die innerhalb und außerhalb der israelischen Grenzen leben, die Teil der modernen israelischen Gesellschaft sind oder in den seit 1967 und zu Unrecht besetzten Gebieten leben.

In der Geschichte und in den Gesichtern der Palästinenser spiegeln sich alle Herrschaftssystemen wider, die sich im Laufe der Geschichte dieses, warum auch immer, so begehrten Stück Landes, in dem Asien, Afrika und Europa einander berühren, bemächtigt haben. Rote Haare, grüne Augen, eine nicht selten anzutreffende Erscheinung im Shuk von Jerusalem. Keltische Kreuzfahrer unter Richard Löwenherz, Franken und Burgunder, Finnen und Byzantiner, alles sieht man in den Jerusalemer Gesichtern.

Jedes Ringen um die Vorherrschaft des eigenen Gottes ist ablesbar. Vergangenheit und Gegenwart versuchen, einander den Rang abzulaufen. Wer will, kann in Jerusalem in das Auge Gottes schauen. Oder, besser gesagt: in das Auge der Vorstellungen, die sich Menschen von Gott gemacht haben und machen.

Wenn ich dort bin, trete ich ganz in den Hintergrund. Dann bin ich nur Ohr und Auge, Nase und Haut. Ich sauge alles in mich auf. All die Ekstase, all die Enttäuschungen und Schmerzen, all das Himmelfliegende, das Berauschende, Beglückende, das Liebe und Kunst, aber auch Hass und Vernichtung mit sich bringt, in sich birgt.

Auch der Gott meiner Kindertage ist dort noch spürbar. Er ist Teil des Konfliktes, so zum Beispiel in den zahlreichen

Ausgrabungsstätten in und um Jerusalem. Die sogenannte »Ir David« (Stadt Davids) im Süden der Altstadt gilt als der älteste besiedelte Teil Jerusalems und ist die wichtigste archäologische Fundstelle des biblischen Jerusalem. Heute befindet sich dort das arabische Dorf Silwan. Israelis und Palästinenser beanspruchen das Gebiet gleichermaßen. Die Archäologie wird zum Mittel der Okkupation.

Wenn mich heute jemand fragt, an welchen Gott ich glaube, tauchen vor meinem inneren Auge noch immer spontan die Bilder dieses alten Mannes auf, der das Volk Israel aus Ägypten führte und der der Vater des Jesus aus Nazareth ist. Das ist so, obwohl sich die Grenzen und Strukturen meines Glaubens längst erweitert und transformiert haben.

Wenn ich über den Gott meiner Kindheit, meiner Erziehung und Kultur spreche, sage ich trotzdem nie »Ich glaube«, sondern immer »Ich denke«. Ich denke über den Gott meiner Eltern nach, und ich denke darüber nach, was ich von dem jungen jüdischen Mann aus Galiläa lernen kann.

In einer Epoche der Besetzung seines Landes durch römische Legionäre fühlte er sich berufen, seinen Mitmenschen etwas über einen Gott zu erzählen, dem das gute Leben jedes einzelnen Menschen wichtiger ist als die Einhaltung priesterlicher Gebote. »Der Sabbat wurde für den Menschen gemacht, nicht der Mensch für den Sabbat« (Evangelium nach Markus, Kapitel 2, Vers 27).

Wer das einmal verstanden hat, kann sich wahrhaft himmlisch frei fühlen: Alles, was von Gott, von der Quelle des Lebens kommt, ist für die Menschen da und will wieder Leben hervorbringen. Das war es, was mich im Laufe meines Studiums und auch seither beschäftigt: die Frage, was wir mit dem, was wir das »Göttliche« nennen, anfangen sollen, was es eigentlich bedeutet.

Was ich am Beginn meiner Suche nach einem neuen Gott verstanden zu haben glaubte: Dogmatische Systeme, seien sie religiöser oder politischer Natur, können nur dann eine Berechtigung haben, wenn sie gutes Leben für alle Menschen ermöglichen. Religiöse Herrschaft in meist Männern vorbehaltenen hierarchischen Strukturen, denen es mehr um Gehorsam als um Erkenntnis geht, hat mit Gott nichts zu tun. Sie haben keine Berechtigung. Denn sie dienen nur der Herstellung und Bewahrung eben dieser Herrschaft, und das um jeden Preis.

Wenn wir versuchen, das auf unsere religiöse Geschichte anzuwenden, lässt sich das schnell verstehen. Wie viele Menschen wurden im Laufe der Geschichte von anderen unter Berufung auf Gott oder seine Gebote gequält, verfolgt und ermordet! Meist waren die Verfolgten Menschen, die den anderen in ihrem Verständnis des Göttlichen, des Unverfügbaren, einen Schritt voraus waren.

Wie zum Beispiel der schon genannte italienische Priester, Dichter, Philosoph und Astronom Giordano Bruno, der verstanden hatte, dass Zeit und Raum unendlich sein müssen, und dessen tragisches Schicksal ich bereits beschrieben habe. Während ihn die Katholische Kirche bis heute nicht voll rehabilitierte, haben lange nach seinem Tod, zu Beginn des 20. Jahrhunderts, die Relativitätstheorie Albert Einsteins und die Quantenphysik Max Plancks und anderer seine Theorien bestätigt.

Bruno war davon überzeugt, dass auch der erkennende Mensch, jeder und jede Nachdenkende, Teil des Kosmos sei. In dem Moment, in dem der Mensch versteht, dass alles, was ist, eine Einheit bildet, löst sich seine Individualität auf. So dachte Giordano Bruno. Und ich denke heute, dass ich das auch so sehe.

Das Leben, das uns umgibt

Erst jetzt kann ich sagen: ich glaube. Ich glaube daran, Teil einer Ganzheit, einer Einheit von allem zu sein. Von Mensch und Natur, von Zeit und Raum, von hier und jetzt. Alles steht miteinander und zueinander in Beziehung.

Das können wir nur erkennen, wenn wir auf Distanz gehen, zu uns selbst, zum Trubel unserer sich immer mehr erregenden Welt, zu den überbrachten Gottesbildern, zu dem, was uns scheinbare Sicherheit gibt.

Das ist es, was ich meine, wenn ich vom Unverfügbaren rede. Diesem Unverfügbaren müssen wir in all der bereits absurd gewordenen Machbarkeit um uns herum wieder mehr Platz einräumen, in all der scheinbaren Erreichbarkeit, die sich nicht nur in unseren Mobiltelefonen, sondern auch in unserer irrwitzig mobil gewordenen Welt ausdrückt. Ein Wochenende in Barcelona, ein schneller Trip auf die Malediven und zurück.

Was ich von Jesus von Nazareth, aber auch von vielen anderen religiösen Lehren und Menschen, Frauen und Männern, lernen konnte, ist, dass es hauptsächlich darauf ankommt, sich mit dem Leben, das uns umgibt, in Beziehung zu setzen. Mit den Menschen, mit der Natur, mit den Tieren. Sich in Beziehung zu setzen und einander als Teil dieses Ganzen, dieses Einen zu verstehen, ist das Ziel von Religiosität.

Zu diesem Standpunkt, zu dieser Haltung habe ich mich über die Jahre durchgerungen, durchgedacht, durchgefühlt. Die Stunden und Tage unter dem Apfelbaum im Klostergarten des Wiener Krankenhauses hatten an dieser Entwicklung einen wesentlichen Anteil. Von nun an wollte ich mich nicht mehr mit Unerklärlichem abgeben und beendete den Versuch, zu verstehen, wo es nichts zu verstehen gibt.

Das soll nicht bedeuten, dass ich mit der Religion, in der ich aufwuchs, nichts mehr anzufangen wüsste. Im Gegenteil. Zwar hat sich mein Blick auf die christliche Denkweise, Tradition und Kultur grundlegend geändert, der über die Jahrhunderte und entsprechend jeweiligen Vorstellungswelten und Machtgelüsten dogmatisierte Gott wurde mir suspekt, aber die Texte, die wir in der Bibel lesen können, bedeuten mir immer noch viel. Die Menschen, die mir dort begegnen, sind immer noch spannend, erzählen mir etwas. Es sind verdichtete Erfahrungen von Menschen. Geschichten, die überall und zu jeder Zeit stattfinden. Geschichten von Freude und Glück, von Tod und Trauer, von Enttäuschung und Freundschaft, von Habenwollen und Seinmüssen.

Nehmen wir noch einmal Jesus. Ein junger Zimmermann aus Nazareth. Junge Männer wie er wird es wohl viele gegeben haben im Palästina der Jahrtausendwende, in einer Zeit, in der die Römer mittels eines komplizierten Systems von Abhängigkeiten und Gewalt das Großsyrische Reich unter ihre Kontrolle gebracht hatten und nicht daran dachten, es wieder herzugeben.

Das religiöse Establishment in Jerusalem hatte sich mit den Herrschern aus Rom arrangiert. Ihre Macht sicherte die Macht der Priesterkaste im Tempel von Jerusalem. Eine der Geschichten, die mich in meiner Kindheit am meisten berührten, war jene vom barmherzigen Samariter, zu lesen im Evangelium nach Lukas, Kapitel zehn.

Jesus sitzt mit seinen Jüngern zusammen und spricht mit ihnen über das Reich Gottes, das kommen wird. Da steht ein Gesetzesgelehrter, also ein Mann des religiösen Herrschaftssystems, der Jesus prüfen will, auf und fragt Jesus, wie er, der Fragende, das ewige Leben erreichen könne.

Jesus erzählt daraufhin diese berühmte Geschichte: Auf dem Weg von Jerusalem nach Jericho, im Wadi Qelt, etwa zwanzig Kilometer östlich von Jerusalem, findet ein Samariter einen Schwerverletzten. Räuber hatten ihn ausgeraubt und halb tot liegen gelassen. Ein Tempelpriester aus Jerusalem kommt vorbei und geht weiter, ohne dem Verletzten zu helfen. Ebenso ein Levit, dessen Stamm, die Leviten, im Tempel für die Einhaltung bestimmter religiöser Gesetze zuständig war. Man könnte also sagen: zwei Männer des religiösen Establishments. Der Samariter hingegen, der als Dritter vorbeikommt, geht nicht vorbei. Er ist berührt von dem Leiden des Verletzten, versorgt dessen Wunden, bringt ihn auf seinem Muli in eine Herberge und bezahlt für seine weitere Pflege.

In der damaligen Mehrheitsgesellschaft war ein Samariter verachtet. Sein Stamm, die Samaritaner, bezeichnen sich bis heute als Bewahrer eines alten Judentums, das bis ins 8. Jahrhundert vor unserer Zeitrechnung zurückreicht. Sie haben ein eigenes Heiligtum, eine eigene Gottesdienst-Liturgie und ihren eigenen, samaritanischen Pentateuch, ihre Bibel.

Dieser Mann also tat einfach das, was ein Mensch zu tun hat, wenn er einen anderen leiden sieht. Er hilft. Und er setzte sich dadurch mit dem anderen in Beziehung. Das zählte für Jesus offenbar mehr als jeder gesellschaftlich-religiöse Status. Dein Sein entscheidet sich an deinem Tun. Das war die Botschaft.

Menschen wie Jesus finden sich heute wahrscheinlich auch bei Menschenrechtsorganisationen, die entgegen der Abschottungspolitik der europäischen Länder Flüchtenden helfen. Im Oktober 2018 fragte die Präsidentin von *Ärzte ohne Grenzen Österreich*, Margaretha Maleh, den österreichischen Bundeskanzler Sebastian Kurz, ob er wirklich verlange, Menschen im Mittelmeer sterben zu lassen.

Die aktuelle österreichische Bundesregierung hat NGOs über die *Frankfurter Allgemeine Sonntagszeitung* vorgeworfen, »das klare Ziel« der 28 Staats- und Regierungschefs in Europa zu konterkarieren. »Und das nicht nur mit dem Ziel, Leben zu retten, sondern gemeinsam mit den Schleppern Menschen nach Mitteleuropa zu bringen«, wie es hieß. Also eine Straftat zu begehen.

Was würde Jesus dazu sagen?

Die Sehnsucht nach dem Anfang

Meine Beziehung zu dem Gott meiner Eltern änderte sich während meines Erkenntnisprozesses laufend, ohne je ganz zu enden. Schon vor dem Beginn meines Studiums wandte ich mich innerlich einem Gott zu, der jenseits dogmatischer Grenzen wohnt. Einige Jahre war ich dabei trotzdem sogar fromm im traditionellen Sinn, las jeden Morgen in der Bibel, betete regelmäßig und innig und suchte nach einer Lebenspraxis, die meinen Vorstellungen entsprach.

Ich suchte nach anderen denkerischen Modellen, während mir der Gott meiner Eltern fremder und fremder wurde, und das, obwohl meine Eltern religiös sehr liberal waren. Sie hatten mich vermutlich sogar weniger religiös erzogen als viele andere Menschen ihre Kinder. Denn sie wussten zwar viel über Religion, flüchteten sich aber nie in die Engstirnigkeit, mit der religiöse Menschen manchmal den Herausforderungen des Lebens begegnen.

Sie zeigten mir und meinen Geschwistern Religion nicht als strenges, verpflichtendes Regelwerk, sondern als etwas Öffnendes, als etwas Fröhliches, das uns nach vorne schiebt, uns Kraft gibt, Dinge zu tun, die zur Erfüllung unserer Hoffnungen führen können.

Dennoch verstand ich es immer besser, wenn sich andere von diesem Gott abwandten und dabei auf die Grausamkeit, die Brutalität und die Unterdrückung verwiesen, die Menschen in seinem Namen über Jahrhunderte hinweg produziert haben.

Schließlich wandte ich mich selbst gänzlich von ihm ab. Womit hatte das zu tun? Mit dem Tod meiner Mutter als auslösenden Moment, mit dem Verlust meines Zuhauses, mit der Unbeweglichkeit, die ich in meiner Kirche erlebte. Und sicherlich auch mit der Welt, wie sie nun einfach einmal ist. Grell und hell, reißerisch und verführerisch, fragend, ohne Antworten zu geben, ablenkend, beglückend, sich ununterbrochen weiter drehend.

An einem bestimmten Tag vor ein paar Jahren kam alles zusammen und ich trat aus meiner, der Evangelischen Kirche aus. Ich wunderte mich, dass mir nicht der Himmel auf den Kopf fiel, dass das Leben einfach weiterging.

Jedenfalls wusste ich nun mit Sicherheit, woran ich nicht mehr glaubte. Ich glaubte nicht mehr an einen weißen, männlichen Gott, der über uns Menschen herrscht. Ich glaubte nicht mehr an einen Gott, der aus dem Nahen Osten kam, zu einer Zeit, in der dort viele Strömungen zusammenkamen, indische, afrikanische, und europäische. Strömungen, die unter der Ägide von Männern, ohne oder nur mit geringer Einbeziehung von Frauen, ein dogmatisches Gebilde namens Christentum hervorbrachten. Ich glaubte nicht mehr an Gehorsam. Ich glaubte nicht mehr an Schreckensbilder. Ich glaubte nicht mehr daran, dass ich mich für Jesus (als Chiffre Gottes) klein machen muss. Ich glaubte natürlich schon gar nicht, dass Frauen an diesem Göttlichen keinen Anteil hätten. Und ich glaubte auch nicht mehr daran, dass irgendjemand auf der Welt Religion benützen darf, um andere Menschen unfrei zu machen und zu beherrschen.

Ich konnte aber zunächst nicht genau sagen, welcher Gott an die Stelle des alten Mannes mit dem weißen Bart treten sollte.

Der religiöse Trieb

Zu den Optionen, die ein Mensch in dieser Situation hat, gehört es, sich in die Reihe der Agnostiker einzureihen, also in die Reihe derer, die sagen: »Ich weiß nicht, ob es einen Gott oder mehrere Götter gibt. Über das Göttliche kann ich nichts aussagen.« Das stimmte ja in meinem Falle nicht. Ich wusste, was im Laufe der Menschheitsgeschichte über Gott oder das Göttliche gesagt wurde. In diesem Sinne war ich auch keine religiöse Analphabetin. Religiöse Analphabeten sind Menschen, die ohne jedes oder nur mit rudimentärem Wissen über Religion aufgewachsen sind.

Sie wissen mit der christlichen Tradition und Kultur nichts mehr anzufangen. Und dort, wo das Religiöse, das Jüdische beziehungsweise Christliche zu einer säkularen Form wurde, wie in unserem Rechtssystem, können sie dessen Ursprung nicht erkennen.

Leider gibt es in Europa sehr viele religiöse Analphabeten, und sie werden immer mehr. Solche Menschen sind wesentlich anfälliger für Esoterik und jede Form von zusammengestoppelter Religiosität.

Sicherlich konnte und wollte ich mich auch nicht als Atheistin bezeichnen. Zu tief saß in mir der Satz meiner Mutter, den sie mir immer wieder gesagt hatte, so lange sie lebte. »Du bist Gottes Maßarbeit und keine Konfektionsware!«

Als Kind hörte ich diesen Satz nicht gerne. Ich hätte von meiner Mutter lieber gehört: »Du bist meine Maßarbeit, ich liebe dich.« Die Maßarbeit des alten Mannes mit dem weißen Bart zu sein, fühlte sich für mich viel weniger gut an.

Nun interpretierte ich den Satz meiner Mutter zum Beispiel mithilfe eines Satzes des Dichters Rainer Maria Rilke neu.

Das musst du wissen, dass dich Gott durchweht von Anbeginn.

Ich glaube, das stimmt für mich. So wie auch ein Satz des persischen Gelehrten, Dichters und Sufi-Mystikers Rumi.

Gott hat deinem Herzen die Sehnsucht eingepflanzt, nach Ihm zu suchen.

Ja, ich suche gerne nach Gott. Ich versuche zu verstehen, warum Menschen religiös sind. Ich versuche zu verstehen, warum mich Religion berührt, was davon mich berührt, was ich von den vielfältigen religiösen Traditionen auf der Welt lernen kann, was sie miteinander verbindet, wo sich die gemeinsame Wahrheit in ihnen finden lässt.

Sigmund Freud, der Begründer der Psychoanalyse, meinte, der religiöse Trieb, der uns allen innewohnt, sei stärker als der Sexualtrieb. Sexualität heißt, das Leben fortzusetzen, was wichtig sei, weil wir sonst aussterben würden. Doch Religion, so Freud, sei der Anfang, an den wir zurückwollen.

Wir können uns gegen diesen Trieb stellen, aber wir sind doch so angelegt, dass wir nach dem Beginn unseres Seins suchen. Ein Kind, das seine leiblichen Eltern nicht kennt, das vielleicht adoptiert wurde oder in der Retorte entstanden ist, stellt als eine der wichtigsten Fragen seines Lebens: »Woher komme ich?« Ohne deren Beantwortung bleibt auch die zweite wichtige Frage offen: »Wer bin ich?« Dieses »Woher komme ich?« meint zunächst einmal die Eltern. Doch in einer höheren Entwicklungsebene unseres Gehirns und unserer Persönlichkeit meint es unseren biologischen und spirituellen Beginn. Woher kommen wir? Wer hat uns gemacht? Wer hat uns Menschen als Spezies gemacht?

Wir versuchen, mit diesem Fragen und Suchen nach dem Ursprung die Zeitspanne zwischen unserem ersten Atemzug, an den wir uns nicht erinnern, und unserem Todesmoment, den wir nicht voraussehen können und an den wir uns vermutlich auch nicht erinnern werden können, zu verkraften. Wir suchen nach dem Schutz im Dunkeln, durch das wir dabei tappen. Nach einem Schutz, den zum Beispiel ein vorgegebenes Religionssystem bieten kann.

Ein Leben ohne *religio,* ohne Rückbezug, wäre deshalb für mich ein leeres, ein hohles, ein sinnloses gewesen. Daher musste ich meine Suche nach Antworten auf meine Fragen, was Religion mir bedeutet, fortsetzen.

Es gibt religiös erzogene Menschen, die den dogmatisierten Gott verlassen und sich wie viele andere der Esoterik zuwenden. Sie denken dann in Sachen Religion nicht mehr historisch, nicht mehr im Kontext von Gemeinschaft mit anderen, sie denken nicht mehr an die Einheit, der wir alle angehören. In ihrer Spiritualität geht es dann nur mehr um das eigene Seelenheil. Gemeinschaft spielt dabei höchstens noch eine untergeordnete Rolle. Für mich kam und kommt so ein Weg auch nicht in Frage. Im Gegenteil: Ich suchte, wie gesagt, nach einer Verbindung zu anderen Menschen, zur Natur, zu Tieren und allem Sein. Religion konnte in meiner Wahrheit nur von Bedeutung sein, wenn sie einen Menschen so verändert, dass er oder sie nach der Gemeinschaft mit allem Seienden sucht. Und wenn sie uns ermöglicht, zueinander in Beziehung zu treten, weil wir auf Gedeih und Verderb aufeinander angewiesen sind.

Es war und ist immer die Wahrnehmung von Gemeinschaft, die mich spüren ließ und spüren lässt: Wir sind eigentlich zu so viel mehr fähig. Das war auch einer der Fixpunkte bei meiner Suche nach einem neuen Gottesbild, oder einem neuen Zugang zu Religion. Mein neuer Gott, der Nachfolger des alten Mannes mit dem weißen Bart, das war für mich klar, musste einer sein, der aus einer Gemeinschaft heraus entsteht.

Vielleicht klingt das nach wenig. Vielleicht suchen manche im Glauben nach mehr. Nach einer Art Geborgenheit in einem von Engeln belebten Universum, in dem sie eine Zweierbeziehung mit Gott pflegen. Mit einem Gott, der dafür da ist, sie zu leiten, zu beschenken oder bei Bedarf zu heilen und Wunder zu wirken, nachdem sie ihn jeweils auf die richtige Weise darum gebeten haben.

Doch ich glaube nicht, dass wir Menschen nur allein in unseren Kämmerchen spirituell sein können oder sollen. Wir können dort Erkenntnisse haben, sie aufschreiben und dann vielleicht zu Lehrerinnen und Lehrern werden, das schon. Wir können unter einem Baum auf einer Wiese liegen, uns als Teil eines größeren Ganzen fühlen und daraus zum Beispiel die Erkenntnis ziehen, dass wir uns nicht immer so aufblasen müssen, weil innerhalb dieser ebenso unüberblickbaren wie allgegenwärtigen großen Ordnung doch alles klein ist.

Aber das sind für mich nicht Momente der Spiritualität. Das sind für mich Momente der Ergriffenheit, man könnte es auch Selbsttranszendierung nennen. In solchen Momenten überschreiten wir eine Grenze, und verstehen danach vielleicht etwas, was uns bis dahin unklar war. Für mich entsteht Spiritualität in einer Gemeinschaft auf ganz unspektakuläre, natürliche Weise. Sie drückt sich in Beziehungen, in Liebe aus. Wenn ich höre, dass sich ein Mensch für andere Menschen so sehr hingibt, dass er sich damit selbst gefährdet, berührt mich das. Es fühlt sich an, als sei es nicht von dieser Welt.

Gott ist ein Kreis

Meine Antwort auf die Frage »Gibt es etwas, oder gibt es nichts?«, die ich mir seit meinem Abschied vom dogmatisierten Gott unweigerlich stellen musste, war mir bald klar: Ich glaube, dass etwas meinen Anfang auf gute Weise gewollt hat. Dass etwas mich beschützt. Schutzengel sind ein schöner Gedanke für mich, denn jeder Mensch braucht Fürsprecher. Aber wie sah er nun aus, dieser Gott, an den ich glauben könnte? Wie drückte er sich aus? Wie und wo konnte ich ihm begegnen? Die Antwort darauf fand ich in einer Erinnerung an die Kindheit meiner Tochter. Sie ging sehr gerne in den Religionsunterricht. Nicht zuletzt auch wegen ihres heißgeliebten Religionslehrers. Auch er war ein Pfarrerskind wie ich, auch er hatte Theologie studiert, sich aber zugunsten eines Lebens als Lyriker und Schriftsteller für den Lehrerberuf entschieden.

Eines Tages bat er die Kinder um eine Zeichnung: Sie sollten Gott malen, einfach so, auf einem Blatt Papier. Stolz präsentierte mir meine Tochter zuhause ihre Zeichnung. Sie hatte Menschen gezeichnet. Diese Menschen hielten einander an der Hand und bildeten dabei einen Kreis. Das war also Gott für sie. Genau das ist auch für mich Gott, dachte ich. Das ist es. Das ist Gott. Und nichts anderes.

Als ich den dogmatisierten Gott verließ, wurde also ein Gott zu meinem Gott, der Menschen und die ganze Menschheit zu einer Gemeinschaft von Individuen macht, die miteinander verbunden sind, indem sie sich an der Hand nehmen und aufeinander aufpassen, und der sich durch diese Gemeinschaft ausdrückt und in Erscheinung tritt.

Ein Gott, der sich auch in den mir von Kindheit an vertrauten religiösen Bildern zeigt. Wenn christliche Menschen das Abendmahl feiern, stehen sie in Erinnerung an diesen jungen Mann aus Nazareth im Kreis. Sie halten einander an den Händen. Sie erinnern sich an einen Menschen, der anderen von der Liebe Gottes erzählte und der dafür gekreuzigt wurde, weil das ein Infragestellen von

Machtverhältnissen und daher ein Skandal war. Es haben sich nie stärkere Bilder über die religiösen Bilder meiner Kindheit gelegt, als jene, die mit meiner Erkenntnis kamen, dass Gott, dass Spiritualität, dass die Rückbindung an unseren Ursprung, dass dieses höhere Etwas dort zu finden ist, wo wir über die großen Fragen der Menschheit miteinander in eine aufrichtige und undogmatische Kommunikation treten. Das zu tun empfand ich von da an fast als Auftrag, und zwar durchaus als biblischen. Denn das Johannesevangelium beginnt mit »Im Anfang war *Logos*«.

Logos bedeutet Wort, es bedeutet auch Vernunft oder Sinn. Aber *logos* bedeutet auch Kommunikation. Miteinander sprechen, Kommunikation auf Augenhöhe. Es geht um Menschen, die einander respektvoll die Welt erklären. Wie ein Rabbi einem Gläubigen. Ein Rabbi ist keine Herrschaftsfigur. Er ist ein Lehrer.

Mein Gott ist dabei mit dem Konzept des Guten verbunden. Es kommt eigentlich nicht aus dem Christentum, sondern aus dem Hellenismus. Es entstand im antiken Griechenland, was für mich nie eine Rolle spielte, denn ich denke gerne: Irgendjemand findet es ganz toll, wenn ich ein guter Mensch bin oder zumindest zu sein versuche. Ich denke es gerne, weil es mich zufriedener macht. Darin, dass viele Menschen so denken, liegt unsere beste Chance, dass diese Welt ein besserer Ort wird, der allen ein besseres Leben ermöglicht. Mir wurde dabei auch klar, dass die Erklärung stimmt, die mir mein Vater einmal für den Begriff »Sünde«

gegeben hatte. Sünde, meinte er, sei das Getrenntsein von Gott. Getrennt sein von Gott heißt, nicht mehr nach dem Guten zu suchen.

Noch etwas wurde mir klar: Wenn Gott mit dem Konzept des Guten verbunden ist, wenn er das Gute ist, dann ist er auch die Liebe.

Dazu gibt es einen interessanten Satz im 1. Johannesbrief, Kapitel 4, Vers 16.

Gott ist Liebe; und wer in der Liebe bleibt,
der bleibt in Gott und Gott in ihm.

Das war der Spruch, den ich zu meiner Konfirmation, also im Alter von 14 Jahren bekam.

Gott ist Liebe!

Ich verstand diesen Satz sehr lange nicht. Welche Liebe war denn da gemeint? Elternliebe, erotische Liebe, Liebe zum Nächsten? Vielleicht war auch gemeint, was der marxistische Revolutionär, Guerillaführer, Arzt und Autor Che Guevara sagte.

Solidarität ist die Zärtlichkeit der Völker.

Heute verstehe ich es. Wenn ich in meinen Gedanken und Taten in der Liebe bleibe, bleibe ich verbunden mit allem, was mich umgibt. In der Liebe gibt es keine Herrschaft. Wer in der Liebe bleibt, bleibt in Gott und Gott in ihm. Denn was passiert, wenn ich in der Liebe bleibe? Ich kann nicht stehlen, betrügen, lügen, kurz gesagt: anderen Menschen schaden.

Mit diesem Gott des Guten, der Beziehungen und der Liebe, kann ich etwas anfangen. Dieser Gedanke gibt mir das Gefühl von Freiheit. Denn sobald ich Gottes Liebe als Teil meines Seins betrachte, sobald ich verstehe, dass ich in meiner Vergänglichkeit Teil eines Ganzen bin, bin ich freier. Ohne dieses Bewusstsein müsste ich jeden Tag Angst haben, dass mit meinem Tod alles vorbei ist, alles gesagt ist und alles, wofür ich gestanden bin, aufhört, zu sein. Wenn ich final vernichtet werden könnte, wäre ich ausgelieferter, unfreier.

Wenn ich Gottes Liebe als Teil meines Seins betrachte, schwindet auch der Druck. Ständig passieren schlimme Dinge. Wir verlieren den Arbeitsplatz. Beziehungen zerbrechen. Verwandte oder Freunde sterben an schweren Krankheiten. Kinder verhungern in unserer Welt. Das sind reale, schmerzhafte, kaum verkraftbare Erfahrungen. Doch wenn ich den Deckel von meinem Kopf hebe, strömt etwas in mich hinein, das pure Freiheit ist: Alles ist gut. Alles fließt miteinander. Alles hebt sich auf.

Vielleicht ist das leicht gesagt. Ich möchte mir gar nicht vorstellen, wie es wäre, wenn einem meiner liebsten Menschen etwas zustoßen würde. Ich weiß nicht, ob ich dann die Gelassenheit hätte, den Deckel aufzumachen und ins Universum auszuschwärmen. Aber dieser Deckel, dieses Betrachten von Gott und Gottes Liebe als Teil meines Seins, macht mir doch klar, dass ich mehr bin, als ich gewöhnlich von mir vorfinde.

Himmlisch frei

Mein neuer Gott ist auch das: die Unendlichkeit. Seit der Relativitätstheorie von Albert Einstein, eigentlich aber schon viel länger, nehmen wir an oder wissen wir, dass das Universum unendlich ist. Was bedeutet das? Für mich liegt auch darin vor allem Freiheit. Wenn es Unendlichkeit gibt, dann ist, wie gesagt, jede Herrschaft hinfällig. Herrschaft ist das Gegenteil von Unendlichkeit und Unendlichkeit ist das Gegenteil von Herrschaft. Auch wenn die Inquisition Giordano Bruno für seine Idee von Unendlichkeit verbrannte.

Ohne den göttlichen Funken wäre nicht nur ich selbst beherrschbarer, die ganze Gesellschaft wäre ohne ihn beherrschbarer. Beherrschbarer und berechenbarer.

Ich weiß es, denn ich kann spüren, was der Gedanke an Gott, an diesen meinen Gott, in mir auslöst. Er macht mich offener. Er öffnet meinen Kopf. Er öffnet meinen Horizont.

Dieser Gott, den ich skizziert habe, an den ich heute glauben kann, macht mich autonom. »Ich kann nicht tiefer fallen, als in die Hand Gottes.« Diesen Satz sagte die deutsche

Theologin Margot Käßmann, als sie nach einer Autofahrt unter Alkoholeinfluss von ihrem Amt als Ratsvorsitzende der Evangelischen Kirche Deutschlands zurücktrat. Die von Männern dominierte Journalistik machte sich darüber lustig. Sie fanden diesen Satz bescheuert. Aber was drückt er aus? Unbeherrschbarkeit. Unabhängigkeit. Autonomie.

Ich verorte das Göttliche natürlich oben, im Himmel, nicht unten, wo Erd- und Gesteinsschichten sind und irgendwann die Lava kommt. Das ist eine Entscheidung, nicht ein Wissen, dass »da oben« etwas ist. Es ist ein gerichteter Blick meiner Wahl. Nach oben zu denken und zu schauen ist immer eine gute Perspektive, weil sie meinen Blickwinkel und damit auch mein Denken und Fühlen erweitert. Wenn ich nach oben sehe, sehe ich Unendlichkeit.

Würde mich heute jemand fragen, wie der Gott ist, an den ich glaube, würde ich antworten: Er ist eine Wesenheit, eine Denkart, eine Energie, oder etwas, das wir alle miteinander sind oder produzieren, das uns dazu anregen möchte, die anderen Menschen zu lieben, uns selbst zu lieben, dafür zu sorgen, dass es diesem Planeten, den wir gerade im Begriff sind, zu vernichten, gut geht, und der uns ein selbstbestimmtes Leben ermöglicht. An diesen Gott glaube ich auch deshalb, weil ich gar keine andere Wahl habe. Die Alternative dazu wäre ja, an das Böse zu glauben, das uns gefangen halten will. Soll ich daran glauben, dass es richtig ist oder zumindest egal, andere Menschen zu unterdrücken? Zu lügen, zu töten, die Erde zu zerstören? Wie könnte ich an so etwas glauben und dabei ein gutes, ein erfülltes, ein glückliches Leben führen?

Die Macht der höheren Vernunft

Wer gut leben möchte, kann nur an eine höhere Vernunft, wie Immanuel Kant es nannte, glauben, die sagt: Wenn ihr zusammenleben wollt, schaut aufeinander und meint es gut miteinander. Unterlasst dieses und jenes. Das bedeutet nicht, dass dieser Gedanke, diese Annahme der höheren Vernunft nicht von Menschen stammt. Sie ist sozusagen Teil des menschlichen Grundprogramms. Was gut und was böse ist, sagen uns die alten religiösen Schriften aller Religionen. Zum Beispiel die Zehn Gebote der hebräischen Bibel.

Du sollst nicht …

Im hebräischen Original steht dort die Zukunftsform:

Du wirst nicht …

Man könnte ergänzen:

Wenn Du den Gott, der Liebe ist, verinnerlicht hast,
wirst Du nicht …

Das ergibt sich von ganz allein.

Ein Gott für ein besseres Leben

Dieser neue Gott, an den ich heute glauben kann, ist aber nicht dazu da, mich in der Hoffnung auf Lohn im Jenseits ein hartes Schicksal erdulden zu lassen. Er lässt mich vielmehr nach Alternativen und Auswegen suchen. Auch das ist meine Entscheidung. Denn ich habe entschieden, Liebe als das Urprinzip unseres Seins vorauszusetzen.

Davon auszugehen, macht es ganz unmöglich, den Satz »*There is no alternative!*« (Es gibt keine Alternative!) zu denken oder zu sagen. Diese Liebe als Urprinzip unseres Seins strebt nach mehr Lebendigkeit. Sie fordert mich auf, dafür einzutreten, dass Menschen Recht widerfährt, dass jedem Menschen absolut ausnahmslos Würde und das Recht auf Selbstbestimmung zugestanden wird.

Wir sind auf diesem Planeten, um zu leben. Das Leben selbst ist der einzige Grund unseres Daseins. In diesem Leben, das lehren uns alle Religionen der Welt in ihrer ursprünglichen Essenz, soll es Menschen gut gehen. Die Religionen dienen dazu, Recht herzustellen, Gerechtigkeit und Leben zu erhalten und eventuell auch zu verbessern. Die Verbesserung des Lebens aller Menschen ist in meiner Wahrheit der Sinn jeder Religion. Einen anderen erkenne ich nicht.

Was ist das, ein besseres Leben? Ein gutes Leben? Nehmen wir die Beziehung des Volkes Israel zu seinem Gott. Es ist die Beziehung eines Volkes zu einem Gott, der vor 5.000

Jahren entstanden ist, und es geht um nichts anderes als darum, dass er den Menschen mit seinen Geboten hilft, miteinander ein gutes Leben zu leben.

Gemeint war dabei aber nie die spießbürgerliche Version des guten Lebens. Es geht nicht darum, auf einem Sofa zu sitzen, alles geschafft zu haben, alle Rechnungen bezahlt zu haben, den Haushalt gemacht zu haben und die Kinder in einer guten Volks- oder Handelsschule zu wissen. Ein gutes Leben ist vielmehr ein Leben, das weiterstrebt.

Die Mystiker wussten das schon immer. Sie suchten schon immer nach Gott als einem Quell von Entwicklung. Wie kann ich mich weiterentwickeln? Wie kann ich tiefer gehen, besser werden, mein Ego verlassen oder vergessen? Wie kann ich mich verbinden mit dieser größeren Einheit? Wie kann ich mich mit anderen verbinden?

Mystikerinnen und Mystiker aller Religionen wussten, dass es um Beziehung geht: um die Beziehung zu der lebenserzeugenden Ursprungskraft, die wir Gott nennen, und aus der sich ein verändertes Handeln ergibt. Das wiederum wirkt sich direkt auf die Gemeinschaft mit anderen Menschen aus. Die östliche Philosophie spricht hier vom »kosmischen Ursache-Wirkungs-Prinzip«, vom »Karma«. Das sind die beiden Richtungen, in die wir ausgerichtet sind: auf Gott und auf unsere Mitmenschen.

Wir leben in einer Welt, in der es schwer geworden ist, uns geistig-spirituell zu verbessern. Wir haben uns abgewöhnt, uns um Kontemplation, Besinnung und Disziplin im Denken und Tun zu bemühen. In unserer Welt der angeblich unendlichen Verfügbarkeit von Dingen müssen wir uns um fast gar nichts mehr bemühen.

Wir wissen kaum noch, was es heißt und wie es sich anfühlt, durch Ruhe, Besinnlichkeit und denkerische, religiöse Praxis Neues zu entdecken, als Menschen zu wachsen. Wir haben den Zugang zu diesem Besserwerden-Können fast verloren.

Im sogenannten *Liber XXIV Philosophorum* (Buch der 24 Philosophen), einer mittelalterlichen Zusammenstellung von 24 Gottesdefinitionen, steht:

Gott ist eine unendliche Kugel, deren Zentrum überall und deren Umfang nirgends ist.

Da ist es, dieses Bild Gottes, dachte ich: Menschen, die einander an der Hand nehmen, die Unendlichkeit. Vielleicht ist dieser Gott der Fluchtpunkt, ich halte es für möglich. Wenn ich das glaube, nehme ich automatisch eine Haltung ein, die mich zu diesem Fluchtpunkt hinführt, und das ist eine Haltung der Liebe.

Die Handschrift *Liber XXIV Philosophorum*, die mich bei der Suche nach meinem neuen Gott inspirierte, entstand übrigens zur Zeit der Scholastik, als Gottesdefinitionen besonders *en vogue* waren.

Der Text galt lange Zeit als Schrift des Hermes Trismegistos, einer Verschmelzung des griechischen Gottes Hermes mit dem ägyptischen Gott Thot, von dem man bis in die frühe Neuzeit glaubte, er habe tatsächlich gelebt und die nach ihm benannten hermetischen Schriften verfasst.

Heute nimmt man an, dass es eine Kompilation verschiedenster Definitionen griechischer Philosophen der Antike ist. Jedenfalls war es der Zisterziensermönch und Dichter Alain de Lille (Alanus ab Insulis), der die Handschrift im 12. Jahrhundert zum ersten Mal zitierte. Seit dem 13. Jahrhundert ist sie weit verbreitet.

Die zitierte Gottesdefinition ist die berühmteste des Werkes. Sie hat alle großen Denker fasziniert, von Meister Eckhart über Nikolaus von Kues und Giordano Bruno bis zu Jorge Luis Borges[15]. Denn was sie beschreibt, ist unvorstellbar. Es ist reine Unendlichkeit.

Die fünfte Definition des *Liber XXIV Philosophorum* lautet:

Gott ist das, worüber hinaus nichts Besseres gedacht werden kann.

Sie bringt das Denken und Gott zusammen. Nichts Besseres als Gott kann gedacht werden. Ein Gedanke, der auf Aristoteles zurückgeht. Für ihn war Gott Geist. Geist wiederum ist Tätigkeit und Leben. Es ist also das lebendige Leben selbst, das göttlich ist. Unser aller Lebendigkeit ist Gott. Dieser Gedanke zieht sich durch die gesamte Geistesgeschichte bis in unsere Tage.

Die siebente Gottesdefinition im *Liber XXIV Philosophorum* lautet:

Gott ist der Grund ohne Grund,
Prozess ohne Veränderung, Ziel ohne Ziel.

Alles und nichts also. Wenn Gott alles ist, was ist, ist auch alles mit allem verbunden. Im Guten wie im Schlechten, wie wir jetzt gerade an der uns bevorstehenden Klimakatastrophe verstehen lernen können. Wenn es der Menschheit in den nächsten zwanzig Jahren nicht gelingt, alle Maßnahmen zu setzen, um sie zu verhindern, wird sie uns alle betreffen.

In der zwanzigsten Definition in dem Buch lesen wir: »Gott ist das einzige Wesen, das von seiner Selbsterkenntnis lebt.«

Gott nimmt nicht fremde Wesen in sich auf, um sie in seine eigene Natur zu verwandeln, erläutert der lateinische Kommentar zu dieser Definition. Er isst nicht und trinkt nicht, um zu leben. Er lebt nicht von anderen Energien oder Geistern, sondern nur von seiner eigenen Einheit. Aber alles, was ist, ist Teil dieser Einheit.

Auch hier kommt wieder Aristoteles ins Spiel. Auch er hat Gott als den Geist, »der sich selbst erfasst«, definiert.[16]

Wie groß der Einfluss dieser geheimnisvollen Schrift über die Jahrhunderte war, belegen die folgenden Zitate, die sich darauf beziehen lassen:

Ludwig Feuerbach, deutscher Philosoph:
»Gott ist das offenbare Innere,
das ausgesprochene Selbst des Menschen.«

Fjodor Michailowitsch Dostojewsk, russischer Publizist, Schriftsteller, Übersetzer und Literaturkritiker:
»Wenn Gott nicht existiert, ist alles erlaubt.«

Plutarch, antiker griechischer Schriftsteller:
»Gott ist nicht körperlos und immateriell, sondern Teil nimmt an der Materie als einem Prinzip«

Baruch de Spinoza, niederländischer Philosoph:
»Gott ein ausgedehntes Ding.«

René Descartes, französischer Philosoph, Mathematiker und Naturwissenschaftler:
»Gott ist auf seine Weise ausgedehnt, denn er ist überall gegenwärtig und erfüllt das Universum in all seinen Teilen bis ins Kleinste.«

Sir Isaac Newton, englischer Physiker, Mathematiker und Astronom:
»Gott ist überall gegenwärtig, und zwar nicht nur virtuell, sondern auch substantiell, denn man kann nicht wirken, wo man nicht ist. Gott ist weder die Ewigkeit noch die Unendlichkeit, aber er ist ewig und unendlich; er ist weder die Dauer noch der Raum, aber er währt fort und ist gegenwärtig; er währt stets fort und ist überall gegenwärtig, er existiert stets und überall.«

Paul-Michel Foucault, französischer Philosoph:
»Der Tod Gottes zieht das Verschwinden des Menschen nach sich.«

Blaise Pascal, französischer Mathematiker, Physiker, Literat und christlicher Philosoph:
»Das Herz und nicht die Vernunft nimmt Gott wahr.«

Immanuel Kant, deutscher Philosoph:
»Gott begreift man nur mit dem Herzen.«

André Suarès, französischer Dichter:
»Wenn Gott tot ist, ist alles tot.«

Das zweite Leben des alten Mannes mit Bart

An meinen neuen Gott zu glauben, bedingt für mich also den Versuch, ein liebevolles Leben zu führen, was wohlgemerkt nicht gleichbedeutend damit ist, nett zu sein. Es bedeutet, die Entscheidungen zu treffen, die sich im Kleinen wie im Globalen nicht gegen andere Menschen oder gegen die Welt ganz allgemein richten.

Dass ich mich von meinem alten Gott ab- und einem neuen zugewandt habe, bedeutet nicht, dass ich die Bilder und Figuren des alten Gottes und deren Geschichten von mir weggeschoben habe. Sie beschäftigen mich weiterhin, aber auf einer anderen Ebene.

Jüngst wurde ich gefragt, ob ich für den Religionsunterricht oder für einen Ethikunterricht sei. Ich wäre im Grunde für das Fach Religionsgeschichte, antwortete ich, damit Schülerinnen und Schüler lernen, welche Religionen es bereits gab, wie sie entstanden und wieder verschwanden und woher die derzeit bestehenden kommen.

Wir lernen ja auch, mit welchen Werkzeugen Menschen früher Ackerbau betrieben haben, und wie wir es heute machen. Wieso lernen wir nicht, wie Menschen früher an Gott glaubten und wie wir es heute machen? Ich finde es interessant, die Veränderungen von Dogmen im Lauf der Geschichte zu betrachten. Denn religiöse Vorstellungen ändern sich ebenso, wie sich Gefühle, wie etwa jenes der Ehre, verändern. Dabei lässt sich viel darüber lernen, wie sich die Menschheit selbst verändert.

Das Christentum zum Beispiel wurde von einer steilen hierarchischen Männerordnung mit Ober-, Mittel- und Unterpriestern zu einer religiösen Gemeinschaft von Menschen, die sich meine Tochter und ich heute als einen Kreis vorstellen können, in dem Menschen einander an den Händen halten.

Wer zu wenig über die Religionen und ihre Freiheitsansätze weiß, kann leicht zum Extremismus neigen. Dann sagt man: »Nur mein Gott ist der richtige. Du wirst jetzt aufgespießt, weil du an einen anderen Gott glaubst.«

Abgesehen davon, dass mächtige Gruppen den Islamismus benutzen, um ihre Interessen durchzusetzen, ist der

Extremismus ein Phänomen, das sich meiner Meinung nach im Verlust von Wissen begründet. Das ist ja das Perfide an den Religionen: Man kann sie benützen, und das geschieht immer wieder, um Menschen auseinander zu bringen, um den Kreis, den sie auf der Erde bilden, zu zerstören.

Die Geschichte der Religionen hat mir darüber hinaus eine wichtige Lektion erteilt: Ich muss keine Angst davor haben, dieses alte dogmatische Gebäude zu verlassen und neu über Gott zu denken. Tue ich es, heißt das nicht, dass ich den Funken in mir, der mich wie jeden Menschen zur Gottesliebe begabt, verliere oder schon verloren hätte. Denn Menschen haben im Lauf der Geschichte ihre Ansichten und Empfindungen zu diesem Thema immer wieder verändert.

Diese Veränderungen sind natürliche Prozesse mit geschichtlicher Dimension. Ähnlich wie bei einem Handwerk. Wenn nicht eine Generation ein Handwerk an die nächste weitergibt, etwa weil sich die Produktionsbedingungen ändern, gerät es in Vergessenheit. Für Religionen gilt das gleiche. In solchen Phasen, in denen die Weitergabe des Bisherigen erlahmt, entstehen neue Auslegungen der Religionen oder überhaupt neue Religionen.

Die christlichen Kirchen könnten an dem Neuen, das kommen wird, beteiligt sein. Sie könnten sagen: »Das sind die Bilder, die Menschen vor einigen tausend Jahren entworfen haben, und das sind die Bilder, die uns heute helfen können.« Doch die Kirchen tun so, als wären die Bilder von damals eine unveränderliche Wahrheit. Damit haben viele Menschen genau wie ich kognitive Probleme. Deshalb werden die christlichen Religionen endgültig erlahmen. Das religiöse Leben der Zukunft wird entweder geprägt sein von kleinen Kreisen christlicher Gruppierungen, oder es wird etwas ganz Neues kommen, von dem wir heute noch nicht wissen, was es ist.

Ich bin eine Analytikerin der Gegenwart, ich spekuliere nicht gerne. Ich kann nur persönliche Vermutungen anstellen. Vielleicht ist, was kommt, etwas, das unseren technischen Möglichkeiten entspricht. Ein Gott, den das Silicon Valley, dessen Proponenten sich schon jetzt als Halbgötter inszenieren, für uns erschafft. Vielleicht denken auch viele Menschen wie ich, und die Vorstellung von Gott als einem Kreis, der alle einschließt, wird mehrheitsfähig.

Mein politischer neuer Gott

Mein neuer Gott hat über die Unendlichkeit als Gegenteil von Herrschaft hinaus auch eine politische Dimension. Wenn Sünde das Getrenntsein von Gott ist, was ich denken und glauben kann, dann ist es eine Sünde, die Gemeinschaft und die Teilhabe aller an allem aus dem Blick zu verlieren.

Einer meiner ersten Gedanken über meinen neuen Gott war deshalb: Wenn Gott der Kreis ist, den die Menschen bilden, dann muss er in unserer Welt des Neoliberalismus, der Privatisierungen, des Narzissmus und Konsumismus gerade völlig durcheinander sein. Wir bekommen jeden Tag vom Weltklimarat die bedenkliche Nachricht, dass Gott zerrissen ist.

Wenn die neoliberale Herrschaft der Reichen, die Armen für ihre Armut und die Flüchtenden für ihre Flucht verantwortlich macht, und beide auch noch ausbeutet, die Armen, indem sie Sozialsysteme abbaut, die Geflüchteten, indem sie bei den Schleppern mitkassiert, ist das Sünde für mich. Sozialsysteme abzubauen und sich an Flüchtenden zu bereichern empfinde ich als Sünde gegen alles, was ich Leben nenne. Gegen alles, was ich Gott nenne. Es ist seltsam, dass sich ausgerechnet die gegenwärtigen Rechtspopulisten so gerne auf Religion beziehen, während sie gleichzeitig eine wahrhaft menschenverachtende Politik betreiben. Dies geschieht nicht nur gegenüber Flüchtenden, sondern in vielen Fragen, die weniger Aufmerksamkeit auf sich ziehen.

Etwa wenn die österreichische Bundesregierung die Bevorschussung des Unterhaltsgeldes für alleinerziehende Frauen erst dann bezahlen will, wenn diese Frauen alles, was Wert hat, verkauft haben. Wer eine Sozialpolitik macht, die Menschen planmäßig und geradewegs in die Armut schickt, sollte sich dabei nicht auf Gott beziehen, zumindest nicht auf den liebenden, lebendigen Gott der Bibel.

Vielleicht stellen sich einige Politikerinnen und Politiker, die so gerne die Kultur des christlichen Abendlandes beschwören, Gott ja als eine Art Gefängniswärter vor, ich weiß es nicht. Mein Gott ist das jedenfalls nicht, denn ich glaube verstanden zu haben, dass es besser ist, miteinander als gegeneinander zu leben. Wenn wir in Europa zulassen, dass der Sozialstaat abgeschafft wird, wird sich diese Sünde eines Tages rächen. Denn Europa ist durch Rechtsstaatlichkeit, Sozialstaatlichkeit und für jedermann zugängliche Bildung stark geworden.

Derzeit läuft die Entwicklung in vielen Ländern der Welt eher in die entgegengesetzte Richtung. Feudale Herrschaft entsteht in neuer Form. Menschen werden wieder zu Sklaven gemacht, die Natur den Bedürfnissen des Kapitals unterworfen und beschädigt. Die Abschlusserklärungen internationaler Klimakonferenzen und die mit viel Emotion und Verstand lancierten Appelle an die großen Industrienationen, naturschonende Maßnahmen zu ergreifen, verhallen im Nichts.

Jene, die die Macht haben, egal, ob es sich um Politikerinnen und Politiker oder um große Konzerne handelt, geben keine Antworten, wenn wir sie darüber befragen. Das heißt, sie übernehmen keine Verantwortung. Denn Verantwortung zu übernehmen hieße, Antworten zu geben.

Wenn jemand glaubt, keine Verantwortung mehr übernehmen zu müssen, keine Antworten geben zu müssen, was heißt das bezüglich seines Blicks auf andere Menschen? Es heißt, dass er sie geringer achtet als sich selbst. Dass er sich über sie erhebt. Über die Gemeinschaft. Er behandelt die Gemeinschaft als dumpfe Masse, in der es keine Individualität gibt. Er missachtet den Gott, an den ich heute glauben kann.

Welcher Mensch darf zu einem anderen Menschen sagen: Du kriegst nur zehn Cent in der Stunde? Welcher Mensch darf einem anderen vorschreiben, wie oft am Tag er seine Notdurft verrichten darf? Welcher Mensch darf einen anderen zwingen, auf dem Boden zu schlafen, um den Ertrag aus dem Verkauf von Erdbeeren aus Südspanien in den Winter Nordeuropas möglichst hoch zu halten?

Die Rückkehr des Mittelalters

Der Verlust der Freiheitsräume, die uns religiöses Denken und Denken ganz allgemein bieten, unterstützt solche Entwicklungen, und immer liegt dem ein Wissensverlust zugrunde. Er ist das eigentliche Problem. Nicht der Verlust der etablierten religiösen Dogmen führt uns in die Dunkelheit eines neuen Mittelalters, sondern der Verlust an Wissen und an Übung im Denken.

Große Imperien sind immer untergegangen, wenn Wissen verloren ging, wenn es für die Eliten verloren ging und wenn es für die Gemeinschaft verloren ging. Das erklärt, warum nach dem Hellenismus das Mittelalter kommen konnte, eine geisteswissenschaftlich betrachtet ja geradezu absurde Reihenfolge. Was Platon und Sokrates längst wussten, war im Mittelalter vergessen. Erst der Islam holte es in seiner Blüte im 11. Jahrhundert wieder aus der Versenkung.

Beim Untergang von Ephesos, genau wie bei dem des Römischen Reiches und bei dem des antiken Griechenlands, verschwanden nicht nur Bäder, Wandheizungen und luxuriöse Apartments, sondern auch Schulen und Bibliotheken. Wenn das passiert, ist es zu Ende. Dann kommt das Mittelalter. Dann ist es auf einmal da. Mit Raubritterburgen und Hexenverbrennungen.

Politisch zu denken, überhaupt zu denken, gerechter zu denken und Erkenntnisse zu haben, das alles ist für mich stark mit meiner Vorstellung von meinem neuen Gott verbunden. Das Bild der sich an den Händen nehmenden Menschen als Chiffre für Gott macht Menschen gleichwertig. Das tiefe Verlangen von Gleichwertigkeit brachte die allgemeinen Menschenrechte hervor. Heute werden sie wieder in Zweifel gezogen.

Als Frau hätte ich in keinem anderen Jahrhundert lieber gelebt als in unserem. Dass wir in einer demokratischen Gesellschaft leben und Menschenrechte achten, als Ergebnis des Abbaus feudaler Herrschaft, war eine Folge der Evolution des Denkens.

Doch nun droht eine Rückentwicklung, bei der die Medien manchmal eine niederträchtige Rolle spielen. Wenn wir verblöden, durch Berieselung, durch Konsum, durch fehlende Herausforderung, durch feudal sich gebärende Regierungen, die über die Köpfe der Menschen hinweg gegen sie entscheiden, mit dem Geld, das diese Menschen als Steuern zahlen, dann verlieren wir Wissen und gehen in dunkle Zeiten. Wir sind wieder an einer Schwelle, an der wir in ein denkerisches Mittelalter taumeln könnten.

Für mich bedeutet an meinen neuen Gott zu glauben,- deshalb nicht nur, die Freiheitsräume, die im religiösen Denken und im Denken insgesamt stecken, zu nutzen, um damit mich selbst zu verbessern und eine bessere Welt zu schaffen. Dieser Gott gibt mir auch die Möglichkeiten, anderen gegenüber für diese Freiräume einzutreten.

Gibt es eine Auferstehung?

Der Gott, an den ich heute glauben kann, verlangt mir auch ab, vertraute Denkgebilde zu überprüfen. Das Denkgebilde der Auferstehung zum Beispiel. Ich musste mich fragen: Was hat es mit der Auferstehung Christi auf sich? Auferstehe ich nach meinem Tod oder verschwinde ich mit ihm einfach?

Die beiden Grundhaltungen, mit denen ich mich diesen Fragen stellen konnte, die philosophische und die naturwissenschaftliche, treiben doch das gleiche Bedürfnis an, nämlich mir selbst nicht nur einen Anfang und von diesem Anfang bis zu meinem Ende einen Sinn zu geben, sondern auch eine vielleicht tröstliche Auskunft über mein Ende zu bekommen.

Ich fragte mich zunächst: Was ist diese Auferstehung eigentlich? Der Gedanke an eine leibliche Auferstehung jener Menschen, die so gut gelebt haben, dass sie mit einer Auferstehung belohnt werden, findet sich erst im 2. Jahrhundert vor unserer Zeitrechnung im biblischen Buch Daniel. Bis dahin wurden Menschen geboren, führten hoffentlich ein gutes und gerechtes Leben und starben. Nun gibt es mit der Auferstehung ein Versprechen.

Dass so eine Auferstehung nicht körperlich sein kann, war klar. Das wäre ja auch kaum wünschenswert. Wer ein miserables Leben geführt hat, für den wäre es wahrscheinlich gar nicht so toll, körperlich aufzuerstehen. Und: Wenn Menschen sterben, sind sie oft alt, gebrechlich, dement. Werden wir als demente Alte auferstehen? Wollen wird das?

Auferstehung meint natürlich das Weiterleben der Seele. Das setzt voraus, dass der Mensch aufgeteilt wird in Körper, Geist und Seele. Diese Aufteilung empfinde ich nicht. Denn ich fühle und denke durch und mit meinem Körper. Körper, Geist und Seele losgelöst oder loslösbar voneinander zu betrachten, ist ein sehr männliches Konzept. Frauen wären auf diese Idee wahrscheinlich nie gekommen, ich auch nicht.

Ich kann deshalb auch nicht an Auferstehung im biblischen Sinn glauben. Ich glaube, wir bestehen aus Biologie, aus Säften und Chemikalien, und wenn wir sterben, gehen diese Säfte zurück in den Kreislauf der Natur. In Rilkes Satz

Du musst wissen, dass dich Gott durchweht von Anbeginn

liegt dennoch etwas, das sagt: Dein Anbeginn ist vor deiner Geburt und dein Ende ist nicht dein Tod. Warum können wir eigentlich unser Ende nicht denken? Warum können wir Unendlichkeit denken, obwohl wir sie nicht fassen können, unser Ende aber nicht?

Ich habe den Tod erlebt. Zwei meiner besten Freunde sind in meiner Anwesenheit gestorben. Trotzdem kann ich mir nicht vorstellen, nicht mehr zu sein. Ich kann es mir nur so erklären: In uns ist kein endgültiges Ende eingeschrieben. Warum nicht? Bedeutet das, dass es doch eine Auferstehung geben muss? Würde ich einen Baum fragen: Glaubst du an Reinkarnation? Er würde vielleicht antworten: Klar, wenn ich alt genug geworden bin, sterbe ich ab und mache mich gemein mit der Erde, die mich umgibt. Irgendwann kommt ein Vögelchen, lässt einen Samen fallen, und dann werde ich wieder ein Baum.

Aus den Säften und Chemikalien, aus denen wir bestehen, und die nach unserem Tod in die Erde gehen, entsteht neues Leben. Aus dieser einfachen Naturbeobachtung, aus der Beobachtung des Kreislaufes allen Lebens, ist das Konzept der Reinkarnation entstanden.

Das ist es wohl. Wenn ich an meinen Tod denke, dann denke ich, dass ich ein Kind erzogen und etwas an dieses Kind weitergegeben habe. Ich habe mit meinen Freundinnen und Freunden Gespräche geführt, an die sie sich vielleicht erinnern, und ich habe vielleicht eine Radiosendung oder einen Film gemacht, die oder der irgendeiner Hörerin oder einem Hörer etwas gegeben hat. Ich denke, wenn überhaupt, dann gibt eine Seele sich so weiter.

Sie lebt, wenn überhaupt, weiter durch die Energie des Denkens und Tuns, die wir haben, im Positiven wie im Negativen. So kann ich das für mich formulieren. Etwas von der Seele meiner verstorbenen Mutter ist wahrscheinlich in mir, weil sie mich gelehrt hat, Bach zu hören. Aber ich glaube nicht, dass die Seele meiner Mutter irgendwo umherschwebt.

Ich kann auch glauben, dass wir Menschen materialisierte Energie sind. Energie in einem Kreislauf, heißt es, kann weder mehr noch weniger werden. Die Menge an Energie, deren Materialisierung wir sind, verändert sich weder durch unsere Geburt noch durch unseren Tod. Ich kann in diesem Sinne glauben, dass ich Teil eines fließenden Flusses bin.

Was ist Erleuchtung?

Eine andere Frage, die ich mir stellen musste, lautete: Gibt es Erleuchtung? Kann ich an Erleuchtung glauben? Was ist Erleuchtung? Was bleibt von ihr, wenn ich die Interpretationen dieses Begriffes durch die dogmatisierten Religionen, mit denen sie ihre Denkgebäude stützen, einfach weglasse?

Erleuchtung ist für mich Verstehen. Nicht das Verstehen einer mathematischen Formel, sondern das Verstehen, dass ich Teil eines Ganzen bin. Dass wir zusammenhängen, alle miteinander. Nicht nur jeder Mensch mit jedem Menschen, sondern alles, was ist, mit jedem Menschen und allem.

Erleuchtung ist das tiefe innere Verstehen, dass wir ohne Zusammenhänge gar nicht wären. In diesem Sinne glaube ich, dass es eine Erleuchtung gibt, und einen Weg dorthin, der lang ist. Auf diesem Weg geht es um das Verstehen selbst und darum, das eigene Handeln mit diesem Verstehen in Einklang zu bringen.

Es gibt Menschen, die von sich sagen, sie seien erleuchtet. Das kann ich von mir nicht sagen. Erfüllende Momente des Verstehens, die gibt es in meinem Leben.

Gibt es Auserwählte?

Jüdische, christliche und islamische Theologie bieten als Lösungsansatz für solche Fragen das Konzept des Auserwähltseins an. Gott wählt bestimmte Menschen für bestimmte Dienste oder für ihre Errettung aus. Ich musste mich also auch fragen: Kann ich glauben, dass es Auserwählte gibt? Aber wieso würde Gott Menschen schaffen, die er auserwählt, und andere, die er nicht auserwählt? Und wenn er es doch tut, wie ist das? Können wir etwas dazu beitragen, zu den Auserwählten zu gehören? Könnte ich zum Beispiel sagen: Ich bin, kann, habe oder lebe etwas, womit ich mich als Auserwählte empfehle?

Ich lehne das Auserwähltsein als dogmatisches Konzept schon deshalb ab, weil es aus einem hierarchischen

Denksystem kommt und nach wie vor in hierarchischen Systemen besonders stark ist. Bei den Zeugen Jehovas etwa ist von 144.000 Auserwählten die Rede, die am Ende einen Platz im himmlischen Königreich finden werden. Alle anderen müssen sehen, wo sie bleiben.

Dabei würde es doch darum gehen, die Dinge ins Gleichgewicht zu bringen. *Yin und Yang*, das sind die zwei zentralen Begriffe der chinesischen Philosophie, insbesondere des Daoismus. Sie stehen für polar einander entgegengesetzte und dennoch aufeinander bezogene Kräfte oder Prinzipien. Hell und Dunkel. Gut und Böse.

Die Tatsache, dass ich daran glaube, dass es im Leben um das Leben selbst geht und um nichts anderes, beinhaltet für mich auch den Auftrag, die Dinge in uns und in der Gemeinschaft in Balance zu bringen. Deswegen gibt es *Yin und Yang*, das alte Bild der Ausgeglichenheit. Das war immer schon ein Bild vom menschlichen Leben in Gemeinschaft.

Gibt es Zufall?

Ich musste mich, als ich mich meinem neuen Gott annäherte, auch fragen, ob es Zufall gibt. Mir kam es weiterhin logisch vor, dass die Welt, die ich kenne, gemacht ist. Ich kenne es nicht anders. Meine ganze Lebenserfahrung besteht, wie die von uns allen, aus »machen«, etwas mit unserem Körper machen. Wäre die Welt zufällig entstanden, wie wäre dann der Zufall entstanden?

Ich musste mir in diesem Zusammenhang noch einmal neu die Frage stellen: Woher kommen wir? Wie bin ich, sind wir, entstanden, wenn nicht durch Zufall?

Ich denke schon, dass ich geschöpft bin, aber ich weiß nicht von wem. Ich halte es für möglich, dass es über das Gesagte hinaus etwas gibt, das wir heute noch nicht begreifen und vielleicht nie begreifen werden. Ich denke, dass wir dreidimensional sind, und nicht fünfdimensional, dass es aber vielleicht etwas oder jemanden gibt, das oder der mehr als drei Dimensionen hat.

Ich kann glauben, dass wir ganz winzig sind in etwas Riesengroßem, und dass hinter diesem Riesengroßen jemand oder etwas steht, der oder das über unsere Winzigkeit lacht oder uns nett findet. Ich glaube jedenfalls nicht an den Zufall. Dafür erscheint mir das Universum zu perfekt, zu präzise, zu intelligent zu sein.

Das soll nicht heißen, dass ich die Existenz von Zufällen gänzlich ausschließe. Die amerikanische Literaturwissenschaftlerin und Schriftstellerin Ruth Klüger, eine Überlebende des Holocaust, sagt, es sei reiner Zufall, dass sie nicht in den Massengräbern von Bergen-Belsen endete. Ja, vielleicht ist das Zufall. Vielleicht auch nicht.

Für mich bedeutet das: Ob es nun ein Gott oder irgendetwas für uns noch Unbenennbares mit mehr als drei Dimensionen war, das mich geschöpft hat, kann ich nicht sagen. Aber dass ich zufällig entstanden bin, das kann ich mir einfach nicht vorstellen. Das Prinzip des Zufalls widerspricht ja auch unserer Lebenserfahrung. Sie ist geprägt vom Prinzip von Ursache und Wirkung. Dieses Prinzip ist tief in uns verankert. Es ist so etwas wie unsere Hardware. Welchen Sinn hätte der Zufall? Überhaupt keinen. Warum sollte, wenn wir so geprägt sind, die Welt, der Kosmos und wir selbst trotzdem aus purem Zufall entstanden sein?

Gibt es Vorbestimmung?

Ich stellte mir die Frage, ob es Vorbestimmung gibt. Ich kann an Vorbestimmung ebenso wenig wie an Zufall glauben. Ich glaube vielmehr, dass sich im Sein etwas tut. Dass es immer und in jedem Moment darauf ankommt, wie wir uns als Individuen und als Gesellschaft entscheiden, und das, obwohl es noch eine andere Realität gibt. Die Realität, dass Dinge eben passieren. Das Leben findet jeden Tag statt und wird immer weiter stattfinden, selbst wenn wir diesen Planeten so gründlich, wie es uns möglich ist, zerstören.

Himmlische Freiheit

∞

Wie Transzendenz, Phantasie,
Utopien und Sehnsucht unser Leben verändern

Egal, ob wir das Unverfügbare Gott, die Urkraft oder das Transzendente nennen, es ist für alle Menschen gleich.

Das ist doch ein schöner Gedanke.

Es wird immer da sein. Dass wir durch naturwissenschaftliche Erkenntnisse und technologischen Fortschritt dem Unverfügbaren schon einzelne Stücke entrissen haben und ihm immer schneller immer neue Stücke entreißen, ändert nichts daran.

Ich finde, auch das ist ein schöner Gedanke.

Mit Transzendenz zu leben, das Unverfügbare anzunehmen, verändert unsere Selbstwahrnehmung. Es führt zur

Selbstbejahung. Denn so können wir darauf vertrauen, dass der Sinn unseres Lebens der ist: zu leben, Leben zu geben und gutes Leben zu fördern und zu unterstützen. Das macht uns innerlich frei. Himmlisch frei.

Das ist ein gutes Gefühl.

Mit Transzendenz zu leben, das Unverfügbare anzunehmen, führt auch zur Bejahung der Welt. Wir müssen die Dystopien, also die in der Zukunft spielenden Erzählungen mit negativem Ausgang, die uns die Medien tagtäglich als alternativlos verkaufen, nicht als gegeben annehmen. Wir müssen nicht denken: Die Welt geht unter. Es werden Kriege kommen. Die Bösen werden regieren und es wird noch mehr Trumps, Erdoğans, Orbáns und Putins geben.

Im Bewusstsein einer Transzendenz zu leben und das Unverfügbare anzunehmen heißt auch, immer mit Überraschungen rechnen zu können. Immer denken zu können: Es kann auch ganz anders kommen als so, wie es scheint, denn wir können nicht wissen, was morgen sein wird.

Das gehört zum Wesen des Unverfügbaren. Morgen kann alles passieren. Morgen könnte sogar der Messias kommen. Es kann immer morgen eine Wende kommen, die Erlösung bringt von dem, was uns gerade plagt.

Mag sein, dass dieser Gedanke für uns weniger wichtig ist als für andere. Wir gehören noch zu den Menschen, die relativ wenig plagt, im Vergleich etwa zu Menschen in Syrien oder im Sudan, im Jemen oder in Bangladesch. Ist es nicht trotzdem ein gutes Gefühl, jeden Moment selbst entscheiden zu können, ob wir die Dystopien als unvermeidlich akzeptieren oder uns doch lieber für Utopien entscheiden, die wir in unserer Phantasie entwickeln können?

Die Macht der Phantasie

1967 schrieb der Grafiker, Maler und Schriftsteller Leo Lionni (1910-1999), Sohn eines jüdischen Diamantenschleifers und einer Sängerin, eines der schönsten mir bekannten Kinderbücher: *Frederick*.

Es ist die Geschichte der Maus Frederick, die nicht wie die anderen Mäuse für den Winter Körner und Nüsse sammelt, sondern Sonnenstrahlen, Farben und Wörter, die Träume also und die Hoffnungen in finsteren, kalten Zeiten.

Während die fleißigen Mäuse den ganzen Sommer über Vorräte für den Winter anlegten, lag Frederick auf der Wiese, genoss die Sonnenstrahlen, den Flug der Vögel, den Duft der Blumen.

Die anderen Mäuse fragten ihn: »Frederick, warum arbeitest Du nicht?«

»Ich arbeite doch«, antwortete Frederick. »Ich sammle Sonnenstrahlen für die kalten Tage und Farben für den grauen Winter. Ich sammle Wörter für die langen Wintertage, an denen wir nicht mehr wissen, worüber wir sprechen sollen.«

Dann kam der Schnee und die Mäusefamilie zog sich in den mit Vorräten vollgestopften Mäusebau zurück. Am Anfang gab es noch viel zu essen und die Mäuse erzählten einander Geschichten von singenden Füchsen und tanzenden Katzen und waren glücklich. Aber nach und nach waren alle Nüsse und Körner aufgeknabbert und an Beeren konnte sich kaum mehr jemand erinnern.

Die Mäuse begannen zu frieren und niemand wollte mehr sprechen. Da fiel ihnen ein, wie Frederick von Sonnenstrahlen, Farben und Wörtern gesprochen hatte. »Frederick«, riefen sie, »was machen Deine Vorräte?«

»Macht die Augen zu«, sagte Frederick.

Nun erzählte er den Mäusen von den warmen Sonnenstrahlen, den bunten Blumen und Beeren und sagte ihnen ein schönes Gedicht auf. Und so überlebten alle den kalten Winter. Die Mäuse erinnerten sich daran, dass auch dieser Winter vorübergehen und der nächste Sommer kommen würde. Sie schöpften daraus Hoffnung und Kraft. Sie hielten durch, und jetzt erst verstanden sie, dass auch Frederick eine wichtige Aufgabe übernommen hatte.

Wenn das Physische aufgebraucht ist, wird die Phantasie überlebensnotwendig, so ließe sich die Moral dieser Geschichte zusammenfassen, und dann hat sie eine ganz neue Bedeutung. Dann kann sie uns zum Beispiel die Kraft geben, die wir in einer Notsituation zum Überleben brauchen. Doch woher kommt die Phantasie? Was nährt sie? Was stärkt sie?

Wenn wir in die unendlichen Weiten des Weltraums blicken, nachts am Meer zum Beispiel, wenn sich über uns der

Sternenhimmel spannt, dann denken wir: Da oben in diesen Weiten des Universums, da gibt es noch so viel anderes. Wir fangen an, darüber nachzudenken oder mit anderen darüber zu philosophieren, was das sein könnte. Solche Momente bleiben uns als besonders schön in Erinnerung.

Ich glaube, wenn wir unsere Aufmerksamkeit auf etwas lenken, das jenseits unserer menschlichen Grenzen liegt, regt das unsere Phantasie an, es begründet sie, nährt sie und stärkt sie.

Eine angeregte Phantasie ermöglicht uns dann das Verständnis von etwas, das wir bisher nicht verstanden haben. Ein Zusammenhang, der mir außerordentlich wichtig erscheint, denn im Leben geht es im Grunde um das Verstehen der Welt.

Die biblischen Schöpfungsgeschichten zum Beispiel, diese Zusammenfassung verdichteter Menschheitserfahrungen, bieten Welterklärungen an. Da gibt es Adam und Eva und einen Gott, der das Paar gemacht hat.

Es gibt verschiedene Schöpfungserzählungen in der Bibel. Jene, die sich durchgesetzt hat, ist die, in der Eva aus der Rippe des Adam gemacht wird. In ihr wird Eva Adam untergeordnet, obwohl in anderen Überlieferungen beide aus demselben Tonklumpen gemacht, mit dem göttlichen Atem behaucht und so zum Leben gebracht werden.

Die patriarchale Variante der Schaffung Adams und Evas hat das Geschlechterverhältnis über Jahrtausende zementiert. Doch im Mittelpunkt dieser Erzählung, im Mittelpunkt des Paradiesgartens, steht der Baum der Erkenntnis.

Wir leben heute anders als Adam und Eva, aber das Grundthema ist das gleiche: Menschen suchen nach Erkenntnis. Sie wagen sich dafür weit vor, sie nehmen vieles auf sich und riskieren dafür sogar, ihr Leben zu verlieren.

Die Suche nach der Weltformel hält unvermindert an. Die Suche nach einer Theorie von Allem, die alle Phänomene im bekannten Universum verknüpft. Die Suche nach einem allumfassenden Modell, das alles erklärt und zusammenführt. Sie zieht sich durch die gesamte Weltgeschichte, von Adam und Eva bis Albert Einstein und über ihn hinaus. Es wird sie auch über unsere Gegenwart hinaus geben, und sie wird immer Phantasie erfordern.

Die Macht der Utopien

Unser Denkvermögen, unsere Vorstellungskraft und Phantasie ermöglichen uns nicht nur das Verständnis von etwas, das wir bisher nicht verstanden haben oder bringen uns dem zumindest näher. Sie bewirken auch, dass wir uns mit Selbstbewusstsein zutrauen, etwas ganz anderes als bisher üblich oder gewohnt zu denken. Etwas, das gar nicht vorhanden ist. Phantasie befähigt uns zu utopischem Denken.

In dem Zimmer, in dem ich Teile dieses Buches geschrieben habe, hängt ein Bild von Rosa Parks, jener afroamerikanischen Bürgerrechtlerin, die 1955 in Montgomery (Alabama) verhaftet wurde, weil sie sich weigerte, ihren Sitzplatz einem weißen Fahrgast zu überlassen. Wie kam sie dazu, das zu tun? Wie kam sie dazu, zu denken: Ich akzeptiere diese ungleichen Regeln für Schwarze und Weiße nicht mehr. Ich bleibe sitzen, mache meinen Platz nicht frei für einen Weißen.

Oder denken wir an den Baptistenpfarrer und Bürgerrechtler Dr. Martin Luther King. »*I have a dream*«, sagte er 1963 beim »Marsch für Arbeit und Freiheit«, ein Jahr bevor er den Friedensnobelpreis erhielt. In dieser Rede, die er vor mehr als 250.000 Menschen vor dem Lincoln Memorial in Washington, D.C. hielt, fasste er die wichtigsten Forderungen der Bürgerrechtsbewegung für die soziale, wirtschaftliche, politische und rechtliche Gleichstellung der Afroamerikaner als Zukunftsvision für die USA zusammen. Wie kam er dazu? Woher nahm er das Selbstbewusstsein?

Beide, Rosa Parks und Dr. King, wagten es, eine Utopie zu denken, daran zu glauben und alles zu tun, sie in eine gesellschaftliche Wirklichkeit zu verwandeln. Im utopischen Denken liegt ein großes und starkes Freiheitspotenzial. Und jeder kann sich darin üben etwas zu denken, das nicht dem Mainstream entspricht, das Gesellschaften und Lebensbedingungen verändern, vielleicht sogar verbessern kann.

Wenn ich meinen Blick hebe und aus dem Fenster meines Arbeitszimmers schaue, sehe ich ein Gebäude der Wiener Gebietskrankenkasse. Auch dieses Gebäude ist die Verwirklichung einer Utopie.

Denn dass jeder Mensch, der krank ist, in dem Staat, in dem wir leben, medizinische Versorgung bekommt, ungeachtet seines Einkommens, seines sozialen Status, seines Geschlechts, seiner Bildung, seiner Religion oder seiner Hautfarbe, das war lange undenkbar gewesen. Bis Menschen einfach damit anfingen, es zu denken und dann umzusetzen.

Auch Jules Verne schrieb eine Utopie. *In achtzig Tagen um die Welt*. Heute können wir das verwirklichen. Wer will, kann in achtzig Tagen um die Welt reisen, oder sogar in viel kürzerer Zeit. Warum also nicht in noch größeren Utopien denken? In denen es um nicht weniger als eine ideale Welt geht?

Meine ideale Welt

Die meisten Menschen wünschen sich eine »ideale« Welt, da bin ich mir sicher. Ich stelle sie mir als eine vor, in der alle gut leben können, in der also niemand hungern muss oder rechtlos ist. In ihr herrschen Gerechtigkeit und sozialer Friede. Nicht Geld, sondern Respekt, Vertrauen und Kooperation regieren, das Gemeinsame steht über den Bedürfnissen einiger weniger.

Auch ich nehme die Wirklichkeit wahr und weiß, dass diese Vorstellung sich schon in der Theorie schwer mit unserer Wirklichkeit abgleichen lässt. Doch bei Utopien geht es ja in erster Linie darum, uns in unserem Denken und Handeln auf etwas zuzubewegen, einen Fluchtpunkt zu haben, auf den unser Denken und Handeln zuläuft, Grundsätze, nach denen wir uns ausrichten.

Es gibt immer Menschen, Kräfte und gesellschaftliche Strömungen, die uns unsere Utopien ausreden wollen und sich ihnen in den Weg stellen. Meine Vorstellungen von einer idealen Welt zum Beispiel bezeichnen Zyniker sicher als weltfremde Sozialromantik. In Wahrheit habe immer schon das Konkurrenzdenken intuitiv unser Verhalten bestimmt. Der Mensch sei quasi von Natur aus davon angetrieben. Er wolle nicht teilen, sondern siegen.

Bei genauerem Hinsehen lässt sich rasch feststellen, dass diese Annahme aus der Welt der Ökonomie kommt, genauer gesagt: aus der Welt der kapitalistischen Ökonomie, die wir seit der Wende vor gut dreißig Jahren in Europa wieder für die einzig mögliche halten. Es ist eine ideologische Behauptung, die uns als eine Art Naturgewalt verkauft wird.

Wissenschaftler wie der Neurobiologe, Arzt und Psychotherapeut Joachim Bauer belegen mit ihren Forschungen schon seit vielen Jahren, dass der Mensch nicht auf Kampf und Egoismus ausgerichtet ist. Ausgehend von neurowissenschaftlichen Erkenntnissen zeigte Bauer 2006 in seinem Buch *Prinzip Menschlichkeit. Warum wir von Natur aus kooperieren*, dass das menschliche Handeln weitaus mehr durch das Streben nach Zuwendung, Wertschätzung und Kooperation bestimmt wird als durch Konkurrenz.

Neoliberale Medien und Thinktanks[17] hingegen wollen uns seit Jahrzehnten glauben machen, dass die evolutionäre Idee des *Survival of the Fittest* nicht nur geprägt hat, wie wir die Natur wahrnehmen, sondern auch, wie wir uns in Businesskontexten bewegen. Intuitiv bestimmt das Konkurrenzdenken unsere individuellen Verhaltensweisen.

In ganz Europa arbeiten Menschen an neuen Konzepten des Lebens und Wirtschaftens. In Deutschland propagiert der Soziologe Harald Welzer in Büchern wie zuletzt *Die smarte Diktatur. Der Angriff auf unsere Freiheit* und *Wir sind die Mehrheit. Für eine Offene Gesellschaft* die Reduktion unseres Lebensstils und weist immer wieder darauf hin, dass die unter anderem vom Klimawandel verursachten sozialen und politischen Veränderungen zum Dauerkrieg mutieren könnten.

In Österreich kämpft seit Jahren der Globalisierungsgegner und politische Aktivist Christian Felber für sein Konzept der Gemeinwohl-Ökonomie. Im Zentrum jedes wirtschaftlichen Handelns sollen der Mensch und die Umwelt stehen, meint er.

Auch die an der Wirtschaftsuniversität Wien angesiedelte Initiative *Gutes Leben für alle*[18] nimmt die gesellschaftliche Bedeutung von Utopien ernst. Sie hat fünf Thesen für ein gutes Leben für alle formuliert. So zum Beispiel diese: »Gesellschaften brauchen Utopien, die Orientierung geben und Potenziale nutzen.«

Und das stimmt. Am Anfang jeder sozialen oder politischen Errungenschaft (Menschen- und Frauenrechte, Abschaffung der Sklaverei, und so weiter) und am Anfang jedes Versuchs, Gerechtigkeit herzustellen, stand und steht immer eine Utopie. Wohlgemerkt: eine Utopie und nicht ein »intuitives« Konkurrenzverhalten.

Ein Sehnsuchtsbild und seine Verwirklichung

Ich weiß, dass ich mit meiner Utopie nicht alleine bin. Im Gegenteil, sie ist sehr verbreitet. Ich glaube sogar, dass die meisten Menschen dieses Sehnsuchtsbild einer friedlichen, gerechten und sozialen Welt mit einer intakten Natur in sich tragen. Manchmal scheint es mir, dass sie sich, aus Angst vor dem Hohn der Zyniker, zunächst nach außen und irgendwann auch innerlich davon distanzieren.

Doch im Sommer und im Herbst 2015, als in Österreich und Deutschland hunderttausende Geflüchtete ankamen, zeigte diese Utopie ihre Macht. Tausende hießen die Geflüchteten bereitwillig willkommen und unterstützten sie. Mit Wasser, Decken, Essen, Kleidung, Kosmetikartikeln und vielem mehr. Sie fuhren dafür zu den Bahnhöfen und zu den Grenzübergängen, wo die Geflüchteten ankamen.

Ein Bekannter von mir, Alexander Dumreicher-Ivanceanu, ein erfolgreicher Filmproduzent, hat an der ungarisch-österreichischen Grenze, gemeinsam mit seinem damals 19-jährigen Sohn Ganael eine ihnen unbekannte Frau aus Syrien ins Auto gepackt und mit nach Wien genommen. Ich fragte Alexander, was ihn dazu bewegt hatte.

Mein Motiv, an diesem Tag gemeinsam mit meinem Sohn an die Grenze zu fahren, war eine Mischung aus Abenteuerlust und humanistischem Impetus. Hat es mit Glauben zu tun? Auf jeden Fall mit Humanismus und mit der Frage von gesellschaftlicher und persönlicher Verantwortung. Und es hat sicherlich auch damit zu tun, dass mein Vater selbst 1970 als Flüchtling in Österreich aufgenommen wurde. Und damit, dass meine Mutter 1956 im Rahmen einer Hilfsaktion der Evangelischen Kirche an der Grenze stand, um ungarische Flüchtlinge willkommen zu heißen. Der Kreis schloss sich für mich an jenem Tag und öffnete sich gleichzeitig …

Alexander hat also nicht nur geholfen, weil ihm das gerade wichtig oder interessant vorkam, sondern auch, weil er im Kreise seiner Familie gelernt hatte, dass Flüchtlingen zu helfen etwas Wertvolles ist. Daran wird deutlich, dass die von einer Utopie abgeleiteten Wertvorstellungen immer innerhalb einer Gruppe – meistens natürlich innerhalb der Familie – gebildet werden. Jedenfalls haben er und seine Partnerin monatelang diese Frau, nennen wir sie Miryam, in ihrer Wohnung aufgenommen. Nach und nach stellte sich heraus, was ihr widerfahren war: Sie hatte in Damaskus nicht nur ihr bis dahin erfolgreiches Leben als Besitzerin eines gut gehenden Restaurants verloren, sondern in erster Linie ihren Mann, ihre Tochter und ihren Sohn. So traumatisiert sie war, so sehr wollte sie ihre Würde bewahren. Der Alkohol wurde ein Problem. Vor jeder Vorladung zum Asylamt ging es ihr und ihren Gastgebern schlecht. Es war nicht immer leicht. Manchmal war es sogar richtig schwer. Für alle. Aber heute lebt Miryam in ihrer eigenen Wohnung, hat ein kleines Catering-Service aufgebaut und sich ein soziales Netz geschaffen. Mit der Hilfe von Menschen, die, von bestimmten Utopien und Werten geleitet, sich ihrer annahmen, konnte sie ein neues Leben beginnen.

Ich habe oft darüber nachgedacht, was aus Miryam ohne diese Hilfe geworden wäre. Dass ausgerechnet sie meinem Bekannten und seinem Sohn in die Arme lief, ist auch erstaunlich. »Wer uns zusammengeführt hat? Ein Engel? Vielleicht…«, schrieb mir der Filmproduzent.

Die Macht der Ideale

Die Geschichte der Ideale, die sich in solchen Utopien verdichten, hat viel mit dem Sakralen, dem Heiligen, dem Kultischen zu tun. Das ist naheliegend, denn unsere Ideale sind uns heilig, und das aus gutem Grund: Sie unterstützen die Schaffung und Erhaltung des Lebens und ein friedvolles Zusammenleben der Menschen.

Anderen zu helfen ist ein Ideal, weil wir ohne Hilfe ums Leben kommen oder ein schlechteres Leben haben könnten. Ehrlichkeit ist ein Ideal, weil wir Schaden an Körper und Seele nehmen können, wenn uns jemand belügt. Ideale gehören also zu den Dingen, die uns heilig sind, und erheben sich damit über die materielle Wirklichkeit.

Emile Durkheim (1858 – 1917), Sohn eines elsässischen Rabbiners und Begründer der Religionssoziologie, nahm an, dass selbst moderne, weniger oder nicht religiöse Gesellschaften einen Sinn für das Sakrale beibehalten. Er war davon überzeugt, dass eine funktionierende Moral in ihrem Kern einen sakralen Gegenstand haben muss. Seine Annahme bestätigte sich: Heute, mit der zunehmenden Trennung von Religion und Moral, ist der sakrale Gegenstand der Moral die menschliche Person. Die allgemeinen Menschenrechte haben, noch, sakralen Charakter.

Die Macht der Sehnsucht

Der amerikanische Psychologe Martin Seligman von der *University of Pennsylvania* entwarf 2004 eine Übersicht mit 24 messbaren Charakterstärken, die unter sechs Tugenden eingeordnet werden können. Die sechs Tugenden sind Weisheit und Wissen, Mut, Menschlichkeit, Gerechtigkeit, Mäßigung und Transzendenz. Zur Tugend der Transzendenz gehören für Seligmann folgende Charakterstärken:

Schönheit in allen Lebensbereichen wertzuschätzen.

Dankbar gegenüber den guten Dingen des Lebens zu sein.

Die Fähigkeit, Dinge des Lebens mit Humor zu nehmen und andere Menschen zum Lachen zu bringen.

Daran zu glauben, dass das Leben einen höheren Sinn hat.

Und nicht zuletzt:

Trotz aller Hindernisse und Schwierigkeiten im Leben Hoffnung zu hegen, das Beste zu erwarten und alles dafür zu tun, dass es auch eintritt.

Alle Charakterstärken können von jedem Menschen selbst kontinuierlich auf- und ausgebaut, also bewusst gestärkt werden. Es geht also bei Idealen, Werten und Utopien immer auch um ihre Verwirklichung.

Zwischen einer Utopie und ihrer Verwirklichung liegt etwas, das wir durch das Annehmen des Unverfügbaren erwerben: die Befähigung, uns zu sehnen.

Manche der Dystopien, also in der Zukunft spielenden Erzählungen mit negativem Ausgang, die uns Medien unter der Überschrift »*There is no alternative*« präsentieren, handeln von selbstlernenden Maschinen, von potenziell allwissenden Robotern als künftige Herren der Welt. Mag sein, dass Roboter eines Tages wirklich so ausgereift sein werden, dass sie, richtig programmiert, quasi empathisch in menschlichen Konflikten vermitteln können. Doch sie werden sich nie nach etwas sehnen können, nicht nach Grießbrei, nicht nach Freiheit, nach gar nichts. Wegen dieser Fähigkeit, Sehnsucht haben zu können, sind wir jeder Maschine und jedem Roboter überlegen.

Sehnsucht entsteht nur, wo Unverfügbarkeit ist. Das wurde mir vor einigen Jahren in Berlin bewusst, dieser wunderbaren Stadt, in der sich Menschen auf beiden Seiten vierzig Jahre lang danach gesehnt haben, die Mauer zu überwinden. Wer heute über den Potsdamer Platz schlendert, muss sich schon einigermaßen gründlich mit der Berliner Geschichte beschäftigt haben, um das noch zu fühlen.

Eine Fotografie des Platzes aus dem Jahr 1988, aufgenommen vom Wiener Fotografen Robert Newald, versinnbildlichte mir den Gedanken, dass es ohne Begrenzungen, ohne Mauern, ohne Unverfügbarkeit, keine Sehnsucht gibt, was – damit mich niemand missversteht – keine Menschen trennende Mauer rechtfertigt. Da wo heute alljährlich die Berlinale stattfindet und Hochhäuser mit amerikanischem Flair in den Himmel ragen, war bis 1989 Brachland. Nichts. Bis auf das Weinhaus Huth, das die Ödnis erst verdeutlichte. Wie groß und zum Teil verzweifelt dieses Sehnen war, kann man in Gesprächen mit Berlinerinnen und Berlinern, die noch mit der Mauer leben mussten, heraushören. Heute schlendern Touristen in großer Zahl über diese Sehnsuchtsorte einer nicht lange zurückliegenden Getrenntheit.

Wenn wir einen Himmel haben, und mit Himmel meine ich die Orte, die wir in unseren Gedanken herstellen, dann können wir uns sehnen. Wenn wir keinen Himmel mehr haben, können wir uns auch nicht mehr sehnen. Dann ist die Welt eintönig. Dann ist das die absolute Welt, von der Peter Sloterdijk spricht. Nur Welt. Sonst nichts.

So wie das utopische Denken war auch das Sehnen immer eine wichtige politische Kategorie. Denn darin liegt ein großes Freiheitspotenzial. Wer Hunger hat, sehnt sich nach Essen. Wer ohne seine geliebten Menschen ist, sehnt sich nach ihnen. Wer in Fesseln liegt, welcher Art sie auch immer sein mögen, sehnt sich nach Freiheit.

Ich frage mich manchmal, wonach sich die Menschen in Nordkorea sehnen. Sie leben unter einem brutalen Regime, das Bildung als politische Doktrin missbraucht und Vordenker, die Freiheitsräume, Sehnsuchtsräume abstecken könnten, konsequent zum Schweigen bringt. Was machen Nordkoreaner mit ihrer Phantasie? Folgen sie den Parametern der Staatsdoktrin und sehnen sie ein langes und glückliches Leben für den Diktator herbei? Kaum zu glauben.

Ich frage mich auch, ob Neonazis Phantasie im besten Sinne des Wortes haben? Wonach sehnen sie sich jenseits eines Landes, das »rassenrein« ist – was immer sie darunter verstehen? Sehnen sie sich überhaupt nach etwas? Oder wonach sehnen sich die Führer rechtspopulistischer Parteien in Europa, in den USA, in Brasilien? In welcher Welt wollen sie leben? Was ist ihre Utopie? Wünschen sie sich wirklich eine Welt mit Gefängnissen für Arme, Ghettos für Alte, Abschiebelager für Zuwanderer, verdummt, weil ungebildete, massenmedial ruhiggestellte und entrechtete Arbeitskräfte, sowie Steuerfreiheit und unbegrenzte Rechte für Reiche? Aus ihren politischen Programmen und Aktivitäten könnte man das ablesen. Haben sie überhaupt Utopien, die über die Erhaltung ihrer eigenen Macht mit allen Mitteln hinausgehen?

Die Macht der Bildung

Ein Weg, der »absoluten«, phantasielosen grauen Welt zu entkommen, ist Bildung. Sie kann Menschen befähigen, Utopien zu entwickeln, also Phantasien, Entwürfe für eine bessere Welt.

Es gibt Menschen, die sich heute »Vordenker« nennen, unterstützt von erfinderischen Werbeagenturen und viel Geld aus der Wirtschaft. Aber die Zukunft, die sie an die Wände malen, dient nicht dem guten Leben aller. Sie propagieren eine unsolidarische Welt, gut nur für jene, die wohlhabend oder reich, männlich und »Inländer« sind – was immer das auch bedeuten soll. Um diese Atomisierung unserer Gesellschaften zu verhindern, brauchen wir dringender denn je Menschen, die nicht nur Sehnsucht nach einer friedlichen, sozialen und gerechten Welt haben, sondern auch die Kraft, dementsprechende Utopien denkerisch zu entwickeln und umzusetzen.

Sehnsuchtsbilder wie meine lassen sich in politischen Utopien ausdrücken, von denen viele schon Wirklichkeit wurden. Nehmen wir die Wiener Gebietskrankenkasse oder das Konzept des sozialen Wohnbaus. Jeder kann wohnen, ohne sich dafür finanziell verausgaben zu müssen. Wien wurde für diese politische Utopie, die Wirklichkeit geworden ist, international bekannt. Doch warum können Utopien, die sogar schon einmal Wirklichkeit wurden oder sind, wieder in sich zusammenfallen?

Die Grenzen der Sehnsucht

Ich wage zu behaupten, dass, unabhängig von jeglicher parteipolitischen Präferenz, linke oder soziale und demokratische Utopien für die meisten Menschen attraktiver sind als neoliberale oder rechtskonservative Weltentwürfe. Alles, also medizinische Versorgung, Wohnen, Bildung, Armutsbekämpfung und Altersvorsorge zu einem Produkt des völlig deregulierten Marktes zu machen, wird auf lange Sicht gesehen große Bevölkerungsgruppen ins gesellschaftliche und wirtschaftliche Aus drängen. Wenn Grundbedürfnisse des Lebens, wozu Wohnen und Bildung gehören, nicht mehr leistbar sind, wird unsere Gesellschaft langsam zerbröckeln.

Auch jene Menschen, die heute noch zum Mittelstand gehören, werden in Not geraten, die Kriminalitätsraten werden steigen. Das würde dann vielleicht als Vorwand dienen, Gesetze zu verschärfen und einen Polizeistaat zu etablieren. Warum aber entwickelt sich unsere Welt in diese Richtung? Warum lassen wir jenen, die mit ihren Welt- und Lebensentwürfen unseren Sehnsuchtsbildern widersprechen, so viel Platz, unsere Welt zu verändern und uns damit zu beherrschen? Warum leben wir, wie sie es wollen? Warum konsumieren wir, was sie uns vorsetzen, und wählen sogar ihre politischen Repräsentanten? Warum bewundern wir, die wir gerade unserer eigenen Welt enteignet werden, jene Menschen, die atemberaubend reich sind und sich ihren politischen Einfluss erkaufen, indem sie politische Parteien und deren Protagonisten finanzieren und sich Gesetze auf ihren ökonomischen Leib schneidern lassen?

Wieder muss man fragen: *Cui bono?* Wer hat etwas davon? Zum einen gibt es Profiteure dieses Systems. Man kann sie auch willfährige Mitläufer nennen. Das sind Menschen, deren Lebensziel darin besteht, viel Geld zu haben und gesellschaftlich aufzusteigen. Sie wollen selbst mitherrschen und sich mitbereichern. Das erfordert von ihnen, sich in den Dienst der Sache zu stellen oder sich zu unterwerfen. Denn innerhalb eines Herrschaftssystems wird Macht ausgeübt, aber auch verteilt. So entsteht eine Machtpyramide, innerhalb derer ein Geben und Nehmen stattfindet.

Ratloser allerdings lässt mich die Frage zurück, warum auch jene, die von dem System nicht profitieren, sich beherrschen lassen. Mit ihrem Wahlverhalten geben sie jenen Macht, von denen sie ausgebeutet und unterdrückt werden. Sie sind es, die sich in Zukunft auf dem liberalisierten Wohnungsmarkt die Mieten nicht mehr leisten können. Sie sind es, die soziale Sicherheit verlieren. Sie werden die Opfer der aufgehenden Kluft zwischen Arm und Reich sein. Denn sie werden zu den ersten gehören, die für ein durch Ausgrenzung zerstörtes soziales Gefüge im wahrsten Sinne des Wortes die Rechnung zahlen werden. Sind sie wirklich so naiv, auf gezielt eingesetzte Äußerlichkeiten und professionell gemachte Public Relation und Werbung hereinzufallen, ohne zu sehen, was dahinter steckt? Oder haben sie das Bedürfnis nach einem »starken Mann«, der ihnen die Richtung zeigt, weil sie ihre Richtung vor lauter Konsumieren selbst nicht mehr finden?

Ich glaube, dass sich derzeit viele Menschen von neoliberalen beziehungsweise rechtskonservativen Medien von ihren Sehnsuchtsbildern ablenken lassen.

Sie folgen den Argumenten, die auf dem immer gleichen Prinzip »*There is no alternative*« basieren und bekennen sich damit zu einem Fatalismus, der ihnen als Pragmatismus präsentiert wird. Dafür geben sie ihre Utopien auf, die ihnen von den gleichen Medien als naiv verkauft werden und unterwerfen sich dem Herrschaftssystem einiger weniger.

Diese Wenigen wissen ganz genau, was sie tun und warum sie es tun. Sie wissen, dass es sehr wohl eine Alternative gäbe, und sie etablieren ihr Herrschaftssystem nur aus einem Grund: zugunsten ihres persönlichen Profits. Denn Milliarden lassen sich nur durch Herrschaft verdienen, nicht durch Solidarität und Freundschaft.

Aber wessen Sehnsucht steckt hinter diesem Herrschaftssystem? Steckt überhaupt Sehnsucht dahinter? Kann ein Mensch sagen: Ich sehne mich nach noch mehr Geld? Nach viel mehr, als ich je brauchen kann? Ich sehne mich nach noch mehr Macht, nur der Macht wegen? Kann so etwas eine echte, fühlbare Sehnsucht sein?

Ich glaube nicht. Ich glaube vielmehr, dass sich in einer von Transzendenz befreiten Welt die Gier gegen die Sehnsucht durchsetzt. Wir folgen niemandes Sehnsucht. Wir folgen nur der Gier, und es ist nicht einmal unsere eigene, sondern die einiger weniger. Nun steuern wir auf das zu, was diese Wenigen mithilfe ihrer eigenen Medien in den vergangenen Jahren in unseren Köpfen gesät haben.

Wir sind empfänglich geworden für die Viren des Neides. Sie verzerren den lange und hart erkämpften Sozialstaat und seine Errungenschaften zu einer »sozialen Hängematte«, in der »Arbeitsscheue« herumliegen. Diese Viren der Gier und des Neides lassen uns Teil einer Debatte über die angeblichen Privilegien vermeintlich unverschämt fauler und dabei unverschämt gut bezahlter Lehrerinnen und Lehrer werden.

Jene, die sich von diesem Virus des Neides anstecken lassen, bedenken nicht, was sie sich damit selbst antun. Denn wenn er einmal ausgebrochen ist, befällt er eine gesellschaftliche Gruppe nach der anderen und niemand bleibt verschont.

Die einzigen Profiteure sind einmal mehr nur die wenigen Reichen, die entspannt zusehen können, wie sich die Gesellschaft, statt sich gegen sie aufzulehnen, selbst zerfrisst. Am Ende bleibt dann nur noch eine Revolte oder ein Krieg.

Es gibt immer eine Alternative

Ich habe den Eindruck, dass viele Menschen sehr wohl spüren, worauf wir da zusteuern, und dass viele von ihnen auch die dahinter liegenden Mechanismen erkennen. Trotzdem lehnen sie sich nicht auf. Selbst die nicht, die vielleicht den Mut dazu hätten.

Warum nicht?

Liegt es nur daran, dass sie – vielleicht auch deshalb, weil sie ihr Bewusstsein für Transzendenz beziehungsweise Unverfügbarkeit verloren haben – keine eigenen Utopien mehr entwickeln können, oder dass sie den Zusammenhang zwischen Transzendenz, Utopie, Sehnsucht und Wirklichkeit nicht mehr kennen?

Manchmal frage ich mich, ob es nicht auch daran liegen könnte, dass vielen in unserer so lange recht gut aufgeteilten und halbwegs gerechten Welt einfach langweilig geworden ist. In der fernöstlichen Philosophie gibt es die bereits genannten Begriffe *Yin und Yang*. Das Helle und das Dunkle. Das Gute und das Böse. Beides gehört zu uns, und die Geschichte zeigt die Wellenbewegungen, mit denen immer das eine das andere abgelöst zu haben scheint.

Auf die Zeit der griechischen Antike mit all ihren Einsichten und Erkenntnissen folgte das an Macht und deren Erhalt orientierte Römische Reich und danach die dunkle Zeit des Mittelalters, in der Dinge, die schon erkannt und verstanden worden waren, wieder in Vergessenheit gerieten oder sogar von der Inquisition der Katholischen Kirche zu denken verboten wurden.

Ist es das, was gerade passiert? Löst das Böse gerade das Gute ab und geht so einer Ablösung eventuell ein weitgehend kollektives Empfinden von Langeweile voraus?

Ich weiß es nicht.

Ich weiß nur, dass alles, was gerade passiert, denen nützt, die Gewinne machen wollen. Für sie ist es gut, Grubenarbeiter in Afrika zu modernen Sklaven zu machen, um mit den von ihnen geförderten Rohstoffen Milliarden zu verdienen. Für sie ist es gut, Erntearbeiter auf spanischen Erdbeerfeldern auszubeuten, um Erdbeeren mit möglichst hohem Gewinn in unseren Supermärkten verkaufen zu können.

Ich weiß, dass sich gerade in einer globalisierten Welt wie unserer der Virus der Ausbeutung genauso wenig wie der des Neides auf Dauer geografisch oder auf bestimmte Gruppen eingrenzen lässt.

Aber ich weiß auch, dass es immer Alternativen gibt.

Gerade in Österreich, aber auch in allen anderen Ländern der Welt, denken viele Menschen viel zu bereitwillig, dass sie sich gegen Macht nicht auflehnen dürfen. Dieser Gedanke dient jenen, die herrschen wollen, und er ist falsch. Wir haben das Recht, in einer freien, friedlichen, gerechten und solidarischen Welt mit intakter Natur zu leben. Das ist immer die Alternative. Wir dürfen immer Freiheit denken. Und uns immer nach ihr sehnen. Mir fällt dazu eine Stelle aus der hebräischen Bibel, dem sogenannten Alten Testament, ein. Im 43. Kapitel des Buches Jesaja legt der Verfasser Gott folgende Worte in den Mund:

> *Und nun spricht der HERR (...) Fürchte dich nicht, denn ich habe dich erlöst; ich habe dich bei deinem Namen gerufen; du bist mein! Wenn du durch Wasser gehst, will ich bei dir sein, dass dich die Ströme nicht ersäufen sollen; und wenn du ins Feuer gehst, sollst du nicht brennen, und die Flamme soll dich nicht versengen. So fürchte dich nun nicht, denn ich bin bei dir. Ich will vom Osten deine Kinder bringen und dich vom Westen her sammeln, ich will sagen zum Norden: Gib her!, und zum Süden: Halte nicht zurück! Bring her meine Söhne von ferne und meine Töchter vom Ende der Erde, alle, die mit meinem Namen genannt sind, die ich zu meiner Ehre geschaffen und zubereitet und gemacht habe.*

Wir sollten versuchen, den Text ohne den Ballast unserer christlichen Erziehung zu lesen. Ihn eher als einen Text, der von Menschen geschrieben wurde, die an die Kraft des Unverfügbaren, an die Macht des Transzendenten glaubten, zu lesen. Diese Vorstellung eines Gottes, der die Menschen geschaffen hat und sie durch den göttlichen Besitzanspruch der Willkür der Menschen entzieht, birgt in sich ein grenzenloses Freiheitspotenzial. Wer Gott gehört, kann nicht nur darauf vertrauen, dass er von selbigem gerettet wird, sondern kann auch nicht von anderen beherrscht werden. Er oder sie ist wahrlich himmlisch frei! Wer könnte da noch Anspruch erheben? Die evangelische Theologin und Pfarrerin Margot Käßmann war in den 1990er und 2000er Jahren der Shootingstar Deutschlands. 1999 wurde sie als erste Frau Landesbischöfin von Niedersachsen. Und 2009 wählte die Generalsynode des Rats der Deutschen Evangelischen Kirche sie zur Ratsvorsitzenden. Seit der Reformation im Jahr 1517 hatte noch nie eine Frau so ein hohes kirchliches und damit auch gesellschaftlich relevantes Amt im Protestantismus innegehabt.

Käßmann war wegen ihrer klaren Haltung in sozialen und gesellschaftspolitischen Fragen und ihrer offenen und mutigen Rede gegen Krieg und Menschenverachtung für viele Deutsche eine Hoffnungsträgerin. Als sie am 24. März 2010 nach einer Fahrt unter Alkoholeinfluss von ihrem Amt zurücktrat, sagte sie:

Ich kann nicht tiefer fallen als in die Hand Gottes.

Viele deutsche Journalisten machten sich darüber lustig und schütteten über der bis dahin völlig unbescholtenen Pfarrerin Hohn und Spott aus.

Was Käßmann damit sagen wollte: Auch wenn ich alle Ämter verliere und ihr mich verspottet, kann mir nichts geschehen. Ich bin durch meinen Glauben an Gott immer in seiner Hand geborgen. Das ist für viele Menschen heute schwer verständlich. Und klingt ebenso vielen wahrscheinlich fromm und altmodisch. In Wirklichkeit, und das entspricht auch meinem eigenen Verständnis, formulierte Käßmann nur ihren unerschöpflich großen Freiheitsraum. Der Verlust des Amtes konnte ihr nichts anhaben.

Ich war Margot Käßmann, als ich Ratsvorsitzende wurde, und blieb es auch, als ich es nicht mehr war.

Durch ein Leben im Bewusstsein des Transzendenten, des Unverfügbaren, werden wir nicht erpressbar.

Religiöse Texte und Traditionen können mit ihrer Sicht auf Gott und die Welt also Freiheitsräume eröffnen, die uns ohne dieses Bewusstsein verschlossen bleiben. Wir sind es nicht gewohnt, die Texte auf diese Weise zu lesen. Aber wenn wir eine Brille aufsetzten, die in all den Texten nach Freiheit suchte, würden wir schnell fündig werden. Es gibt so viele von ihnen.

Ich würde allen Menschen, die in welcher Form auch immer »mühselig und beladen« sind, wie es der Verfasser des Matthäus-Evangeliums nennt, wünschen, dass sie so eine Freiheitsbrille haben. Ich wünsche ihnen, dass sie manchmal den Kopf gen Himmel heben, um die Unendlichkeit des Universums zu verinnerlichen.

Ich wünsche uns allen, dass wir hin und wieder ein kleines Lächeln auf den Lippen haben bei dem Gedanken an unsere unendliche Freiheit. Und dass uns das gelassen, aber nicht untätig werden lässt.

Für mich wurde dieser Satz, den meine Mutter zu mir zu sagen pflegte, zu einer Art Mantra:

Du bist Gottes Maßarbeit und keine Konfektionsware.

Er stärkt mich, aber nicht im Sinne eines Ego-Programms, das blind für die Umwelt und kritikunfähig macht, das ein aufgeblasenes »Ich« produziert, das über Nacht wieder in sich zusammenfällt. Was nicht bedeutet, dass ich die Nächte des Zusammenfallens falscher Annahmen über mich selbst nicht kennen würde.

Ich bin schon lange nicht mehr fromm. Für mich ist das Bewusstsein von Transzendenz beziehungsweise Unverfügbarkeit längst vor allem eine Anregung zum politischen Denken geworden. Aber dieser Satz hilft mir, mich auf eine ganz andere Art, vielleicht in Dankbarkeit, wieder aufzurichten. Außerdem legt er mir Verantwortung auf: Was Maßarbeit ist, zeigt sich im täglichen Umgang, in einer Haltung zur Welt, in Taten und Worten.

Die Suche nach dem Himmel

Doch wie können wir uns in dieser lärmenden, konsumistischen, neokapitalistischen Hochgeschwindigkeitswelt unseren Zugang zum Bewusstsein von Transzendenz bewahren oder ihn wiederfinden? Wir müssen damit anfangen, uns wieder selbst als Wesen wahrzunehmen, die eine Befähigung zur Transzendenz haben. Das bedeutet zunächst, uns selbst wieder als denkende Wesen bewusst zu werden. Wir müssen uns wieder in Erinnerung rufen, dass wir nicht darauf angewiesen sind, Erklärungen vorgesetzt zu bekommen. Dass wir uns die Dinge auch selbst ansehen, über sie nachdenken können.

Die Welt mag komplex sein und auf den ersten Blick unüberschaubar wirken. Unsere Denkmöglichkeiten mögen sich deshalb begrenzt anfühlen. Doch wir leben in einer Informationsgesellschaft. Sie ermöglicht es uns, besser als jeder Generation vor uns, uns selbst ein mehr oder weniger klares Bild von den meisten Dingen zu machen.

Nicht nur in gesellschaftlichen, politischen, wirtschaftlichen oder kulturellen Zusammenhängen geht es darum, selbstständig zu denken. Wenn wir uns einmal nicht mit unserer tatsächlich wirr und irr gewordenen Gesellschaft beschäftigen wollen, können wir uns einfach wieder einmal fragen: Wer sind meine Nächsten? Was bedeutet mir Natur? Was ist Stille? Was ist Zeit?

Es geht darum, immer wieder auszusteigen aus dem geistigen Hamsterrad der Sachzwänge, von denen die meisten doch nur Produkte der neoliberalen Konsumdoktrin oder Hirngespinste von Herrschaftssystemen sind.

Es klingt so naheliegend, geradezu banal. Und dennoch müssen wir uns immer wieder auf die Möglichkeit besinnen, die schon immer die Voraussetzung für ein freies und selbstbestimmtes Leben war: frei und eigenverantwortlich zu denken, anstatt das nachzuplappern, was uns andere zu denken vorgeben.

Ich kann über alle Grenzen hinaus denken.

Ist das nicht auch ein schöner und positiver Satz? Aber ist uns das in all dem Trubel, inmitten all der Ablenkungen, wirklich noch bewusst? Wer an den vorgegebenen Grenzen des Denkens stoppt, lebt in einem Gefängnis. Lebt so, als wären die uns als alternativlos präsentierten Dystopien bereits Wirklichkeit geworden. Denn was einmal gedacht ist, kann auch Wirklichkeit werden.

Es hilft schon, wenn wir uns jede Woche eine Zeit verschaffen, in der wir uns der Stille widmen, bei einem Spaziergang oder einem Gespräch mit einem Menschen. Einem Gespräch, bei dem es nicht um Effizienz geht, um etwas, das wir oder andere erreichen, organisieren, in Erfahrung bringen oder loswerden wollen. Einem Gespräch, bei dem wir uns bewusst einlassen, uns öffnen, bei dem wir auf unser Gegenüber eingehen, mit ihm Erkenntnisse austauschen.

Wir können überall nach Ruhe und Stille suchen. Sehen, ob wir es noch aushalten, wenn es einmal eine Stunde still ist und auch wir selbst still sind. Wir können zum Beispiel einmal in der Woche allein in einen Wald gehen und uns ansehen, wie das Leben dort immer weitergeht, auch ohne uns, und ohne, dass wir darauf Einfluss nehmen. Denn die

Wälder um Wien herum, oder jene um Paris oder Berlin, sind einfach da, ob wir sie nun wahrnehmen oder nicht.

Es geht auch darum, unsere in dem endlosen Getöse abgestumpften Sinne wieder zu schärfen. Es gibt dafür viele Möglichkeiten. Ein Bekannter von mir ernährt sich besonders präzise. Er isst nur bestimmte Dinge in bestimmten Mengen in einer bestimmten Reihenfolge zu bestimmten Zeiten. Ich denke, sein Ziel ist, seine Sinne zu schärfen. Denn unsere Sinne zu schärfen verbindet uns mit dem Leben und stellt Lebendigkeit in uns her.

Auch Schönheit hat dabei einen Anteil. Sie tritt in vielen Formen auf. Sie findet sich in Dingen, die Menschen mit Liebe, Können und Leidenschaft hergestellt haben, sei es ein Bild, eine Skulptur oder ein besonderer Stoff. Sie findet sich auch in der Natur, in der Musik und im Tanz. Ich tanze gerne. Ich tanze fast jeden Abend, bevor ich schlafen gehe, und für mich hat das mit Lebensfreude und – ja – auch Anbetung zu tun.

Es tut uns gut, wenn wir uns an Dingen versuchen, die unseren Körper und unser Denken miteinander in Verbindung bringen: Sport, Tanzen, Wandern, Laufen, Yoga oder Meditation sind Wege, um das zu tun. Viele Menschen sitzen den ganzen Tag vor dem Computer und vergessen darüber, dass auch der Körper Sitz der Seele ist, nicht nur der Kopf. Sie vergessen, dass der Körper eine Möglichkeit bietet, die Vielfalt des Lebens und seine Möglichkeiten zu fühlen. Ich denke, dass jeder Mensch seinen eigenen Weg hat, sein

Bewusstsein für Transzendenz zu schärfen oder den Zugang wiederzuentdecken. Statt sich zu überlegen, ob man ein neues Auto braucht, sich eine Kreuzfahrt oder ein Serien-Abo leisten sollte, könnte man sich ja auch wieder einmal fragen, in welcher Welt man eigentlich leben möchte.

Man könnte sich fragen, wie man sich für die Gemeinschaft nützlich machen oder wem man helfend unter die Arme greifen könnte. Wie wäre es, wieder einmal darüber nachzudenken, wie das eigene Leben weitergehen soll, was man noch lernen, herausfinden und erforschen möchte? Wie fühlte es sich an, Beziehungen mit anderen Menschen nicht nur hinzunehmen, sondern nach deren Qualität zu fragen: Wer belebt und erfrischt mich, wer inspiriert mich zu Neuem, wem kann ich vertrauen? Vielleicht würde man dann manche Beziehungen verstärken und andere beenden. Vorzugsweise jene, die Lebendigkeit in einem durch graue Phantasielosigkeit und patentierte Alternativlosigkeit abtöten.

Vor allem sollte sich jeder und jede von uns regelmäßig die eine Frage stellen, die zu den wichtigsten des Lebens gehört, die uns ganz von selbst wieder mit Transzendenz verbindet und die Dr. Martin Luther King 1963 vor dem Lincoln Memorial in Washington, D.C. für sich so genau beantworten konnte:

Was ist mein Traum?

Dank ...

an meine Pfarrerin, Dr.in Ines Charlotte Knoll, die mit ihren Predigten über viele Jahre meine Sehnsucht nach Poesie und Transzendenz geweckt hat.

An Prof. Dr. Johannes Huber, der mich – »Liebe Frau Magister!«- ermutigt hat, meine über Jahre gehegten Gedanken niederzuschreiben.

An Lena Schmidtkunz und Jörg Bochmann, meine Familie, die mich unterstützt und auch in schwierigen Zeiten »ausgehalten« hat.

An Horst Schmidtkunz, meinen lieben Vater.

An Stefanie Oswalt und die Bürogemeinschaft Eisenacherstraße Berlin, in deren Räumen ich große Teile dieses Buches schreiben durfte, aufgeheitert von gemeinsamen Mittagessen und Kaffeepäuschen.

An Petra und Reinhard Karl, meine Hiddenseer Freunde aus Berlin, die mich auf einer langen Fahrradtour ermutigt haben, mein Buch und nicht eine wissenschaftliche Abhandlung zu schreiben. Und an Reinhard, der viele Texte kommentierend gelesen hat.

An Ljuba Arnautovic, Angelika Hagen, Ágnes Heller, Lore Heuermann, Margot Käßmann, Alena Wagnerová, Andreas Weber (auch für den konstruktiven Kaffee) und Alexander Dumreicher-Ivanceanu für ihre Wortspenden und Liesl Wirnsberger (die mir zum Schreiben des Buches ihr Haus in den Oberkärntner Bergen zur Verfügung stellte).

An Univ. Prof. Dr. Hans Joas, der sich im Sommer 2018 trotz eines übervollen Kalenders die Zeit nahm, in seinem Büro an der Evangelisch-Theologischen Fakultät der Humboldt-Universität zu Berlin mit mir über die Grundstruktur meines Buches zu diskutieren. Die daraus resultierende Verwirrung hat mich am Ende auf den richtigen Weg gebracht.

An meinen Verleger und Lektor Bernhard Salomon für seine freudige Neugierde und die professionelle Unterstützung.

Fußnoten

1 Volksbegehren *Sozialstaat Österreich,* initiiert von Ernst Berger, Sieglinde Rosenberger, Elisabeth Paschinger, Renata Schmidtkunz, Stephan Schulmeister, Emmerich Talos und Werner Vogt, 3. – 10.4.2002, 711.000 Stimmen, unter Bundeskanzler Dr. Wolfgang Schüssel im Parlament nicht behandelt.

2 Crouch, Colin, *Die bezifferte Welt. Wie die Logik der Finanzmärkte das Wissen bedroht,* Suhrkamp Verlag, 2015

3 Daten aus den Quellen des Europäischen Parlaments: http://www.europarl.europa.eu/news/de/headlines/society/20180208STO97411/menschenhandel-in-europa-fakten-und-gegenmassnahmen-der-eu

4 Kunsthalle Budapest: Link zur Ausstellung *Over the Counter. The Phenomena of Post-socialist Economy in Contemporary Art,* 18.6.-19.9.2010: http://www.mucsarnok.hu/exhibitions/exhibitions.php?mid=561c3525b2977&tax=560c5eec6098a

5 Publikationen (Auswahl): *Alles fühlt. Mensch, Natur und die Revolution der Lebenswissenschaften,* Berlin Verlag, 2007; *Lebendigkeit. Eine erotische Ökologie.* Kösel, 2014; *Sein und Teilen, Eine Praxis schöpferischer Existenz.* Transkript, 2017; *Indigenialität,* Nicolai Publishing&Intelligence GmbH, 2018

6 1920 erschien im Berliner Verlag der Gebrüder Paetel sein Standardwerk *Theoretische Biologie*

7 Maturana, Humberto und Francisco Varela, *Der Baum der Erkenntnis. Die biologischen Wurzeln menschlichen Erkennens.* Deutsche Übersetzung von Kurt Ludewig, Goldmann Verlag, 2009

8 Immer wieder eine lohnenswerte Lektüre: Kehlmann, Daniel, *Die Vermessung der Welt*, Rowohlt, 2005

9 Sehr schön und verständlich zu lesen: Wulf, Andrea, *Alexander von Humboldt und die Erfindung der Natur*. C. Bertelsmann, 2016

10 Alighieri, Dante, *Göttliche Komödie*; Lasker-Schüler, Else, Gedichtband *Styx*; Mann, Thomas *Tod in Venedig*

11 1. Moses, Kapitel 1, Vers 2: hebräisch והבו והת tōhū wāyōhū meist übersetzt mit »wüst und leer«, »durcheinander«.

12 Der Begriff »Entzauberung der Welt« geht auf den Vortrag *Wissenschaft als Beruf* (1917) des deutschen Ökonomen und Soziologen Max Weber zurück. Er beschreibt damit die Entwicklung, die infolge von Intellektualisierung und Rationalisierung des Denkens und daraus folgend des Handels einsetzte.

13 Sloterdijk, in *Die Vielfalt religiöser Erfahrung: Eine Studie über die menschliche Natur*, Verlag der Religionen, 2014, S.20

14 Dokument XI der Inquisitionsakten des Giordano Bruno, 2. Juni 1592.

15 *Was ist Gott? Das Buch der Philosophen*, übersetzt und kommentiert von Kurt Flasch

16 Flasch, S. 66

17 https://www.zukunftsinstitut.de

18 http://www.guteslebenfueralle.org/de

Literaturliste

James, Williams, Die Vielfalt religiöser Erfahrung. Eine Studie über die menschliche Natur, Verlag der Religionen, Taschenbuch 21, 2014

Joas, Hans, Die Macht des Heiligen, Suhrkamp

Ders., Braucht der Mensch Religion? Über Erfahrungen der Selbsttranszendenz, Herder Spektrum, 2004

Ders. und Spaemann, Robert, Beten bei Nebel. Hat der Glaube eine Zukunft? Herder, 2018

Flasch, Kurt, Warum ich kein Christ bin, C.H.Beck

Ders., Was ist Gott? Das Buch der Philosophen, Beck'sche Reihe, 2011

Geramb, Viktor, Sitte und Brauch in Österreich, Verlag der Alpenlandbuchhandlung, Graz, 1948

Weber, Andreas, Lebendigkeit. Eine erotische Ökologie, Kösel Verlag, 2014

Rössler, Beate, Autonomie : Ein Versuch über das gelungene Leben, Suhrkamp 2017

Tugendhat, Ernst, Anthropologie statt Metaphysik, C.H. Beck, 2007

Eagleton, Terry, Materialismus. Die Welt erfassen und verändern, ProMedia Verlag, 2018

Halbfas, Hubertus, Der Glaube, Patmos 2010

Bloch, Ernst, Geist der Utopie, Suhrkamp 2018

Arendt, Hannah, Vita activa oder Vom tätigen Leben, Piper 2008 (The Human Condition, 1958)

Dies., Vom Leben des Geistes: Das Denken, Das Wollen, Piper Taschenbuch, 1998

Dies., Was ist Existenz-Philosophie? Verlag Anton Hain Meisenheim, 1990

Dies., Ich will verstehen. Selbstauskünfte zu Leben und Werk, Piper 1996

Baumann, Zygmunt, Leben in der Moderne, Edition Suhrkamp, 2007

Camus, Albert, Der Mensch in der Revolte, Rororo, 1996

Marcuse, Herbert, Der eindimensionale Mensch. Eine Studie zur Ideologie der fortgeschrittenen Industriegesellschaft, hrg. von Peter-Erwin Jansen, zu Klampen, 2014

Dürr, Hans-Peter (Hrsg.), Physik und Transzendenz. Die großen Physiker unseres Jahrhunderts über ihre Begegnung mit dem Wunderbaren, Verlag Scherz, 1987

Fraas, Hans-Jürgen, Die Religiosität des Menschen. Religionspsychologie, UTB Vandenhoeck, 1990

Wuchterl, Kurt, Kontingenz oder das Andere der Vernunft. Zum Verhältnis von Philosophie, Naturwissenschaft und Religion, Franz Steiner Verlag, Stuttgart, 2011

Baier, Horst, Soziologie als Aufklärung oder Die Vertreibung der Transzendenz aus der Gesellschaft. Niklas Luhmann zum 60. Geburtstag, Konstanzer Universitätsreden, 1989

Vorländer, Hans, Transzendenz und die Konstitution von Ordnungen, de Gruyter, 2013

Koren-Wilhelmer, Frank, Personalität zwischen Immanenz und Transzendenz bei Martin Buber und Kitaro Nishida, LIT Philosophie, Band 69, 2007

Harari, Yuval Noah, Homo Deus. Eine Geschichte von morgen, C.H.Beck Verlag, 2017

Asad, Talal, Ordnungen des Säkularen. Christentum, Islam, Moderne, Konstanz University Press, 2017

Frankl, Viktor, Trotzdem ja zum Leben sagen. Ein Psychologe erlebt das Konzentrationslager, Pinguin Press, 2018 (Erstauflage Kösel Verlag, 1977)

Huber, Johannes und Walter Thirring, Baupläne der Schöpfung. Hat die Welt einen Architekten? Seifert Verlag Sachbuch, 2013

Manguel, Alberto, Sehnsucht Utopie. Eine Reise durch fünf Jahrhunderte, Folio Verlag, 2018

Pazzini, Karl-Josef, Sabisch, Andrea und Daniel Tyradellis, Das Unverfügbare. Wunder, Wissen, Bildung, Diaphanes, 2013

Sölle, Dorothee, Mystik und Widerstand, Piper, 1999

Camus, Albert, Der Mensch in der Revolte. Essays, Rowohlt, 2013 (29. Auflage)

Funke, Dieter, Gott und das Unbewusste. Glaube und Tiefenpsychologie, Kösel, 1995

Sloterdijk, Peter, Nach Gott, Suhrkamp Verlag, 2017